あたらしい時代の開運大全

風水心理カウンセラー
谷口令

ダイヤモンド社

はじめに

みなさま、はじめまして。

風水心理カウンセラーの谷口令です。

私は21歳で風水に出会い、風水と心理学を組み合わせたメソッドをお伝えしながら、自分の人生も好転させてきました。


あなたは幸せな人生を送りたいですか?


この問いに、「NO」と答える人はいないと思います。

誰もが、幸せな人生を心から願っている。

わざわざ不幸になりたいと思う人はいませんよね。


では、幸せになるために運気を高める開運術を実践しているかというと、意外と何もしていない人が多いのではないでしょうか？


「風水？　開運？　何だかうさんくさいなぁ」

そんなふうに思われる人もいらっしゃいます。

「興味はあるけど、テレビや雑誌で見る風水は面倒くさそう」

「決まった方角に決まったモノを置くなんて、難しいに決まっている」

こう尻込みする人もいるでしょう。

「風水はただのおまじない」

「昔の人が信じていた占いなんて、大した効果はない」

こんなレッテルを貼る人が多いのも事実です。


ネガティブな印象を持たれても仕方のない側面もあります。

世の中の開運に関わる専門家の中には、テレビや雑誌といったメディアを通して、センセーショナルな言葉を投げかける人がいます。

「あなたは、今年は何をやってもダメ」
「北に行ったら不幸になりますよ」
「この家は間取りが悪いから、家族が病気になる」
「名前の字画が悪いから、将来は成功しない」

ひどい言葉で相手をおどして、自分の信じる開運術を実践させようとするのです。これでは、警戒されても仕方ありません。

ただ、こうしたネガティブな印象のせいで風水をはじめとした開運術を実践しないとしたら、それはとてももったいないことかもしれません。

開運術の中心にある風水や九星気学、陰陽五行というのは、統計学や環境学など、一定の理論に基づいて成立したものです。しかもそれぞれの学問には実に3000~5000年の歴史があると言われています。

決して「根拠のないおまじないのようなもの」ではないのです。

開運術を現代の生活に合わせよう

ただ、残念なことに、日本の専門家の中には、中国や日本で古くから続いてきた風水や九星気学、陰陽五行などを体系的に学ぶことなく、それぞれのルールを断片的に知り、伝えている人も多いようです。

ルールが生まれた歴史的かつ文化的な背景は置き去りにされ、ルールを守ることだけを優先した結果、現代の社会にはそぐわない開運術が世の中にあふれています。

私は長らく、この現実に大いな疑問を抱いていました。

現代人のライフスタイルには合わない開運術を実践するのではなく、風水や九星気学、陰陽五行の理論を守りながらも、私たちのライフスタイルに合わせた進化した実践方法をお伝えするべきではないか、と。

そこで本書では、これまでの開運術とは一線を画し、開運術の原理原則を大切にしながらも、時代の変化に合った内容をみなさまに紹介していきます。

風水や九星気学、陰陽五行、神社参拝、厄祓《やくばら》いや吉方位など、世の中にはさまざまな開運術が存在します。

こうした開運術は理論に基づいています。

この理論が分かれば、自分のライフスタイルに合わせて取り入れることが可能なのです。

これまでのようにルール一辺倒で、生活を制限されることもありません。

時代に合わせて、開運術をアップデートしていけるわけです。

本書では、開運に向けた具体的な方法をお伝えしますが、同時にその根底にある思想や哲学、理論もかみ砕いてご理解いただけるように説明していきます。

本書を読めば、開運術の全容が理解でき、同時にそれを古い価値観から新しいものにアップデートできるようになる。

こう書くと、何やら難しそうに感じるかもしれませんが、どれもが意外に簡単で、楽しいものばかりなことに、驚いていただけると思います。

開運術は幸せな人生を送るためのツール

そもそも、世の中にある開運術はいずれも、人々を幸せにするためのものです。私たちの人生をもっと豊かにするためのエッセンスであり、いい意味で、とても軽やかでファジーなものです。

ですから、ルールを知って生活に取り入れれば人生がプラスになることはあるけれど、守らなかったからといって不幸になることはありません。

開運術の根底にあるのは、人々の暮らしを豊かに幸せにしようという思想です。開運術の実践は本来とても楽しいものなのです。

人々が気持ち良く暮らすための知恵ですから、実践することで、私たちは毎日、ポジティブで笑顔になれる。それが新しい運気を呼び込んでくる。

これからの時代を生きる私たちに合った開運術を身につけ、人生を楽しく、明るく、好転させていきましょう。

どん底の人生を救ってくれた風水との出会い

本題に入る前に、なぜ私がこの本を書こうと思ったのか、そして、なぜ私があたらしい時代の開運術をみなさまにお伝えすることができるのかについて、少しだけお話させてください。

私が風水と出会ったのは、仕事もプライベートもうまくいかず、どん底だったおよそ48年前、21歳のときでした。日本に風水ブームが訪れる前のことです。

知人に紹介されて訪れた千葉県銚子市にある猿田神社に偶然、九星気学について学ぶグループの方々が来られていました。

その中の一人が、私がのちに師事する九星気学の大家・宮田武明先生でした。

宮田先生が教えてくれた東洋の広大な世界観はすばらしく、どん底だった私は心を揺さぶられました。

一人ひとり、「運命」というものはあるけれど、日々の行いや言動によって、自分で運気を高め、人生をより良い方向に切り拓くことができる――。

そんなポジティブな考え方が、当時の私には大きな救いとなりました。

そこから、むさぼるように風水や九星気学、陰陽五行などを学んでいきました。

宮田先生の生徒さんは、企業経営者や、弁護士や公認会計士といったプロフェッショナルばかり。

生徒さんが社会的に大成功しているのは、運の流れを意識し、それが良い方向に向かうよう、きめ細かに配慮されているからだったんです。

心理学や神道、仏教……あらゆる開運術を学んだ

宮田先生から九星気学や風水を学び、これらが単なる占いではなく、古代の統

計学や環境学に基づいていることを知った私は、それを実践に落とし込むべく、大学の社会人講座で心理学を学んだりもしました。

風水だけでなく、運にまつわることをもっと幅広く学ぼうと、出雲大社で神官の資格を取得するほか、仏教や易学、宿曜経など、多面的かつ積極的に占いの理論を習得していきました。

こうして学び続けた結果、現在では風水のみならず、神社や厄、吉方位や吉日など、あらゆる開運についてお伝えできるようになったのです。

それぞれについて、開運術だけでなく、その歴史的な成り立ちや理論に関する知見を深めていったため、一人ひとりの状況に合わせたアドバイスができるようになりました。

20代の頃に東京海上火災保険（現・東京海上日動火災保険）や日本ＩＢＭ、レナウンといった大企業に勤務していたからでしょうか。

私のもとには、大企業の経営幹部や中小企業の経営者、士業のプロフェッショナルや大学の先生、さらには多くの人が名前を聞いたことのあるような大物アーティスト、音楽家、何代も続く老舗飲食店の代表といった方々が、相談に訪れるようになりました。

これまでに鑑定した人数は実に3万人以上になります。

最近では、ビジネスパーソンに限らず、住宅業界大手の株式会社LIXILで、家造りの研修を実施したり、株式会社ユニマットホールディングでは玄関の空間を整えるアイテムの商品企画を手掛けたりというコラボレーションも実施しています。

ほかにも、大手食品メーカーや大手出版社、大手新聞社など、名だたる企業が、風水の力をビジネスに取り入れ、事業を推進させています。

私が、こうした大企業や経営者のみなさまからご相談を受けてきたのは、自分自身の経験を通して、実践的なアドバイスができるからだと自負しています。

私は会社勤めを卒業し、一念発起して独立し、1990年に株式会社を設立。

これまで32年もの間、コンサルティング会社と風水学校を経営してきました。

プライベートではシングルマザーとして、一人娘を育て上げた母でもあります。20歳の頃から22回もの引っ越しを行い、家の購入や売却、そして家を建てた経験もあります。

風水や九星気学以外の開運術もたくさん学び、心理学や歴史、華道や茶道、バレエやヨガを身につけていることも、アドバイスに生きています。自分の体験が増えるたびに、答えられるご相談の幅が広がっていきました。

我ながら、ここまで多様な経験のある風水心理カウンセラーは、ほかにはいないと思っております。

自分の経験に基づいた具体的かつ実践的なアドバイスが私の強みであり、成功者から指名を受ける理由でもあるのでしょう。

開運術を進化させよう

本書ではこれから、今までのみなさまの概念をガラリと変える、真実の、そして時代に合ったあたらしい開運術を紹介していきます。

風水、神社参拝、厄祓い、吉日や吉方位の生かし方など、多面的から、開運にアプローチしていきます。

こうした開運術はいずれも、本来は古人の知恵です。

正確な成り立ちや理論を知った上で使っていただければ、誰でも、無理なく、開運できるすばらしい学問でもあります。

本書の狙いは、開運術のアップデート。

開運術の根底にある理論や仕組みを理解し、それを現代の私たちのライフスタイルに合った形に変えていくことにあります。

あたらしい時代の開運術を知れば、もう古い常識に怯《おび》え、振り回され、不安になることはありません。

開運術が生まれた時代の考え方を大切にしながらも、それを現代流に解釈し、私たちの生活の中で無理なく実践する方法をお伝えしていきます。

本書を読み、現代にアップデートされた開運術を取り入れてください。


開運術は、怪しいものでも、根拠のないものでもありません。

適切に使えば、あなたの運気を高め、人生をより良い方向に導いてくれる。

極めて大きなパワーを持つ生きる知恵が開運術です。

この事実は、まだ一部の成功者にしか知られていません。

本書を手に取ったみなさまが、いち早く開運を実現することを願っています。


では、早速始めてまいりましょう！

軽やかに、前向きに。あたらしい時代の開運レッスン、スタートします。

あたらしい時代の開運大全　目次

第2章 風水の新常識

第3章

神社参拝の新常識

第4章

厄除けの新常識

第5章 吉日の新常識

第6章 金運の新常識

第7章 人間関係運の新常識

第 1 章

開運の新常識

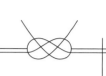

開運術をアップデートしよう

開運術としてよく知られている風水。

風水はもともと、中国本土や香港、台湾などで昔から当たり前のように生活に取り入れられてきました。

しかし、日本では長く忘れられた存在でした。

日本でも神社や寺院、宮廷などの由緒正しい建造物には風水の発想が取り入れられていますが、それを「風水」という言葉で表現することはありませんでした。

私たちが知っている風水が、日本で爆発的なブームになったのは１９９０年代のこと。テレビや雑誌などで次々と風水特集が組まれ、急に人々の知るところとなりました。

「金運を上げるなら、金の龍と黄色の財布」

「恋愛運のアップには、インテリアをピンク色に」

「出世運を高めるなら、龍の絵を飾る」


色や方角、モノを活用して、お目当ての運気を上げていく──。


多くの人が思い浮かべる風水のイメージは、この時代に出来上がりました。

これは確かに風水の一部ではありますが、すべてではありません。

当時流行した風水をはじめとする開運術は、幅広い人に受けるように、本来の思想からかなり脚色されたり、歪曲《わいきょく》されたりしていました。


多様な開運術が大ブレークした1990年代と比べると、私たちの生活は大きく変わりました。

高齢化と少子化が急速に進み、一方ではインターネットやSNSの発達によって、世界との距離がぐんと縮まっています。

新型コロナウイルスの感染症拡大やロシア・ウクライナ戦争が起こり、人々の常識やライフスタイルは大きく変わっています。

それなのに、なぜか私たちは今もなお、1990年代にブレークした開運術をそのまま信じ、実践しているのです。

1990年代に一世を風靡《ふうび》した、人々に受け入れられやすいように大幅に脚色された風水。

「なぜ、これが開運につながるのか」という原理原則を知らないまま、今なお、その実践方法だけが、私たちの暮らしの中に残っています。

伝統的なものは「変わらないこと」が良しとされています。

しかし、風水などの開運術の場合は違います。

そもそも風水とは、私たちの生活をより豊かにするための生活の知恵、料理でいえば隠し味のような役割です。

日々の生活の中に取り入れる学問ですから、ライフスタイルの変化に応じて実践方法もアップデートすべきなのです。

進化しないままの開運術に抱いた違和感

なぜ、開運術はこの30年の間で進化してこなかったのでしょうか。

私は40年以上この世界で活動を続けてきましたが、開運術の世界で働く専門家に違和感を覚えることがたびたびありました。

開運術の多くは、風水や易《えき》、四柱推命、手相、占星術、タロット、数秘術などのほか、スピリチュアリストといわれる専門家がお伝えしています。

意外なことに、こうした専門家の中には、それぞれの世界で伝わってきた開運術を自分で実践することなく、多くの人に伝えていたりします。

象徴的なのが、風水です。

私も詳しい風水の世界では、引っ越した経験がほとんどないのに引っ越しのアドバイスをしたり、自宅を建てたことがないのに、家相や間取りのアドバイスをしたりする専門家がよくいます。

自分が体験したこともないのに、相談にいらしたお客様にそれを勧めることに、私は大きな違和感を抱いてきました。

もう一つ、私が疑問を感じたのが、これまで通りの開運術をただ伝えている専門家の姿勢です。

人を開運に導くのは、開運術だけではありません。

心理学や環境学、行動学など、多様な視点から人間を知り、開運へ向かうようにアドバイスをすることこそ、私たちの仕事です。

しかし、開運術の専門家の中には、自分が学んだメソッドを、時代やライフスタイルの変化に合わせることなく、ただ教科書をなぞるように教え続けている人も少なくありません。

人は誰しも、同じ環境にずっといると居心地が良くなり、新たな学びや挑戦が億劫《おっくう》になるものです。

だからといって学ぶことをやめてしまえば成長は止まってしまうものですが、なぜか開運術の世界では、進化を放棄した専門家もいらっしゃいます。ゆえに、開運術そのものが大きく進化してこなかったのでしょう。

少しキツい表現をすれば、旧態依然としたこの世界の専門家に、私は違和感を抱いていたのです。

一方の私はといえば、こうした開運術の世界では珍しいのかもしれませんが、好奇心の塊のような人間です。

「はじめに」でも触れたように、風水や九星気学、陰陽五行に限らず、幅広い分野の開運術を貪欲に学び、心理学をはじめとした人間を知る学問についても精力的に吸収してきました。

なぜ「金運には黄色い財布」という固定したイメージが生まれたのか

1990年代にはやった開運術がそのまま残っている背景には、メディア側の事情もありました。

テレビや雑誌、インターネットなどでは、一般受けし、視聴率の上がるコンテンツが重宝されます。そのため開運術では、「金運には黄色い財布」など、極端で分かりやすい方法ばかりが取り上げられてきました。

かつて、私もテレビ番組の出演オファーをいただき、私のオフィスで打ち合わせをしたことがありました。

私のオフィスは非常にシンプルです。白を基調としたインテリアで、家具もシンプルなものばかり。風水と聞いて多くの人が想像するような八角形の鏡も、赤や金の飾り物も、一切ありません。

するとスタッフの方が「これのどこが風水なんですか?」とおっしゃいました。加えて、「恋愛運を上げるトイレという企画なので、トイレをすべてピンク色にしてほしいのですが」と言うのです。

あまりにも乱暴な要望にがっかりして、そのオファーはお断りしました。トイレをピンクだらけにしても、恋愛運が上がることはありません。

メディアはどうしても分かりやすさを優先し、ひと目で分かる開運術を求めます。そのため風水などの開運術はこれまで、過度に脚色して伝えられてきました。


「ピンク色の服を着ると恋愛運が上がる」

「玄関に金色の龍を置くと金運が上がる」

「鬼門にお風呂があると病気になる」


結局、金や龍といった、見た目に分かりやすい開運術ばかりが紹介され、多くの人は、風水に間違ったイメージを抱くようになったのではないでしょうか。

私が残念に感じたのは、メディアでは「どのようにしたら運気が開けるか」という方法は報じられるのですが、その裏側にある理論については、ほとんど語られない、ということです。

現代ほどにはインターネットも発達していませんでしたので、手軽に調べる手段もなく、メディアが脚色したイメージのまま、風水のイメージが定着してしまったように感じています。

私は、こうした一連の流れを批判したいわけではありません。メディアが光を当ててくれたおかげで、長い間忘れられていた風水をはじめとした開運術が、日本で脚光を浴びるようになったわけですから。その点については心から感謝しています。

残念だと思うのは、開運術そのものも進化すべきなのに、かつてのブームのまま時間が止まってしまっていることについて、です。

「おどす」「高い」「ダサい」開運術は相手にしてはいけない

開運術には、太古からの人々の知恵がつまっています。

それを学び、守り、伝えていくことは大切なことです。

ただ、時代や環境が変われば、開運術の解釈や実践方法も変わります。

人々に開運を教えるのであれば、それを教える専門家が学びをやめてはいけません。他人の運を開く前に、まずは自分が学び、実践し、自分の運を拓かなくてはならないのです。

学びや進化をやめ、教わった開運術を教えているだけの専門家の中には、悪質なケースもあります。共通するのは、次の3つの特徴です。

- 相談者をおどす
- 相談者に高額品を売りつける
- 相談者にダサいグッズを勧める

実際、私のところにも、こういった専門家に遭遇して相談に来られるケースが多々あります。お話を伺っていると、次のようなことを言われたりするようです。

「凶方位の悪運を消すために、仙台に5回、九州に4回、シンガポールに3回行かなければ死ぬ」

「子供の受験に成功したいなら、吉方位の砂が必要。植木鉢サイズの砂を100万円で買う必要がある」

「この家に住んでいたら運はやってこない。運を良くするには、1枚14万円の八角形の鏡を24枚買って、玄関に飾らないといけない」

開運のためのアドバイスをもらいに行ったのに、逆に不安にされて、何かを売りつけられる。「不幸になる」と予言されると無視するわけにもいきません。

それも、よくよく聞いてみると、「なぜダメか」という理由は説明されないいま、「そうしないといけない」とおどされて、現代の住宅には合わないダサいグッズを高額で勧められているのです。

怯えて〝セカンドオピニオン〟を聞きに来た相談者に対して、私は改めて風水や家相、鬼門、凶方位の歴史やその意味を説明し、対処方法をご案内しています。するとみなさま、ほっとした表情で帰って行かれます。

もちろん私は何かを売りつけたり、不幸になると予言したりはしません。

運良く私のところにいらした相談者はだまされずに済みましたが、悪質な専門家の言葉をそのまま真に受けてしまう人もたくさんいます。

風水をはじめとする開運術に対して誤ったイメージを抱き、時代錯誤な開運術に縛られ、不自由な開運生活を送っている人がいると思うと、残念でなりません。


あらゆる開運術は、もっと自由で、楽しいものです。

そもそも開運術は、あなたの人生を好転させるための道具にすぎません。

取り入れることで、人生がプラスに転じることはありますが、取り入れなかったからといって、不幸になるものではありません。


開運術の本質を知り、価値観と実践方法をアップデートすること。

そうして、みなさまの生活が豊かになること。

これこそが、本書で私が実現したいことです。

旧態依然とした開運術から脱却し、開運術の成り立ちや理論を知り、それを現代のライフスタイルに刷新していくこと。

ぜひ、一緒に「あたらしい時代の開運術」を身につけていきましょう。

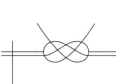

これからの開運に大切な「整える」という考え方

本書では、風水以外にも、神社参拝や厄祓い、吉日、吉方位など、幅広い開運術を取り扱います。

これらの開運方法には共通する考え方があります。具体的な開運術をお伝えする第2章以降、本書では繰り返し、この基本的な考え方をお伝えしていきます。

それが、

「整える」

ということです。

自分の運気や体調、住まい、人間関係、仕事運や金運など……。
いずれも「整える」ことができれば、おのずと運が開いて、幸せになります。

そのための第一のステップは、「自分を知る」「相手を知る」「家族を知る」ということ。

自分の性格と生まれ持った運勢を知り、人生のタイミングを見極めること。
基本の状態が分かれば、「最近、調子が悪い」とか「なぜか良くないことが続く」など、運気がズレてしまった場合にも、もとの状態に「整える」だけで、開運体質に戻れます。

風水を軸に自宅のインテリアをそろえることも、神社に参拝することも、厄を祓うことも、吉日に行動を起こすことも、すべて「整える」という行為です。

本書に共通するこの考え方を、まずは覚えておいてください。

「整える」には、自分自身が「整った」と感じられるかどうかも重要です。

私はこれを、いろいろなところで「無意識が安心する＝整える」だと説明しています。

理性や思考で自覚していなくても、「整っている」状態の心地良さを無意識的に感じて、ほっとしている――。

目指すのは、こうした心の状態です。

心理学も開運につながっている

こうした状況を実現するため、本書では風水をはじめとした開運術にとどまらず、心理学などの知見を生かした「心を整える」アプローチも紹介しています。

さまざまな開運術は、理論とメソッドを学べば、それで終わりというわけではありません。

風水、九星気学、陰陽五行、方位学、家相学、環境学、象意学、命名学、筆跡学、観相・人相学……。

あらゆる開運術にはつながっている部分があります。そのため私は、これらについても研鑽《けんさん》を重ねてきました。

だからこそ、あらゆる開運術において、それらが誕生した時代背景や当時の狙い、理論を生かしながら、現代のライフスタイルに合わせた解釈を、みなさまにお伝えすることができるのです。

開運術の成り立ちを学びながら、守るべきポイントと変えていくべきポイントを押さえて、開運術をアップデートしていくこと。

より幸せで豊かな人生を送るためのあたらしい時代の開運大全、始めましょう。

第1章まとめ

開運の新常識

モノ頼み以外にも、開運術はたくさんある

ライフスタイルの変化に合わせて
開運術を進化させよう

「おどす」「高い」「ダサい」開運術は要注意

これからの開運で大切なのは「整える」こと

第 2 章

風水の新常識

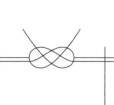

これからは「整える」で運をつかむ

風水と聞くと、最初にイメージするのが住まいにまつわるものでしょう。

「金運を上げるには、玄関に金の龍を置く」
「家族円満にしたいなら、リビングをオレンジ色に」
「恋愛運を高めたいなら、寝室をピンク色に」

1990年代にブレークした風水は、住まいにモノを置いたり、色を変えたりすることで運気を拓こうとしてきました。
しかし、これだけが風水ではありません。

風水の世界はもっと奥深く、さまざまなメソッドがあります。

そこで本章では、風水の成り立ちを交えながら、現代のライフスタイルに合ったあたらしい時代の風水の新常識を紹介していきます。

5000年前から続いてきた風水

そもそも風水とは何なのでしょうか。

風水とは環境学であり、科学であり、さらには昔の建築基準法のような存在でもありました。

厳しい自然の中で、私たちが安心して暮らすためのメソッドが軸になっています。

「風水」という言葉の語源は、およそ1700年前、4世紀の中国・晋の時代に活躍した思想家であり地理学や五行説、卜占《ぼくせん》などに詳しかった郭璞《かくはく》が書いた『葬書』という書物にあるとされています。

風水の経典とされているこの書物の中に、次のような一文があります。

「気乗風則散　界水則止　古人聚之使不散　行之使有止　故謂之風水」

気は風に乗れば則《すなわ》ち散り、水に界せられれば則ち止まる。

古人はこれを聚《あつ》めて散らせしめず、これを行かせて止まるを有らしむ。

故にこれを風水と謂《い》う。


ここにある「風水」という言葉が発祥だとされています。

この書で郭璞は、風水とは「水と風を整えていくことが大事」と書いています。


私たちが暮らす東洋の多くの地域には四季があります。

一年で春夏秋冬が巡り、ジメジメした時季やカラッとした過ごしやすい時季が繰り返されます。

ジメジメした湿気は邪気。「邪気対策をしっかりと行い、心地良く暮らしを整えましょう」というのが、おおもとの風水の目的でした。

邪気を祓えば、心も体も整います。方位や四季などの影響も加味しながら、その地に住まう人々を整えていけば、おのずとその地は豊かで健やかになります。

それが、昔の時代に大切な「戦で勝つ」ことにも貢献します。

風水で邪気を祓い、水と風を整えることは富国強兵につながるというわけです。

「風水」という言葉が生まれたのはおよそ1700年前ですが、その基本的な考え方は今から5000年も前に存在しており、中国本土では政治や戦争、商売にも活用されてきました。

風水の力があまりにも強力であったため、やがて近隣の香港や台湾、日本にも伝播しました。

風水が大切にしているのは、自然と協調することです。

そのため自然環境や国民性の異なる地域に広がると、それぞれの土地で風水は変化を遂げていきます。

香港では、風水がより政治や商売の道具として利用されるようになりました。ライバルを弱らせ、自分が勝つための道具として用いられるようになったのです。

「国家機密」として日本に伝来した風水

日本に風水を持ち込んだのは奈良時代の遣唐使の吉備真備《きびのまきび》だといわれています。吉凶を言い当てる風水と同時に、囲碁や「孫子の兵法」なども持ち込みました。

当時の日本人にとって、唐で実践されていた学問はいずれも最先端・最強のもの。最も力のある国の統治方法でもありましたから、国家の重大な機密事項として日本に伝わっていきました。

その後、風水は天皇家にアドバイスをしていた陰陽師《おんみょうじ》などが扱うようになりました。最も有名なのは安倍晴明《あべのせいめい》。天才陰陽師として、現代でも人気がありますよね。

日本では当初、風水は強大な力を秘めた学問として、一部の位の高い人だけに伝承されてきました。ただ、戦争の道具でもあったため、広く普及させるものではありませんでした。

日本に伝来した時点で、風水は誕生した当初の形と少々変わっていたことが見て取れますね。

私たちの知る「風水」の歴史は意外と短い

時代は流れ、風水は、江戸時代に日本独自の「家相学」という学問と融合し、庶民にも知られるようになりました。

この時代の日本では、「風水」という言葉は認識されておらず、「鬼門に水回りの設備をつくってはいけない」など、家を建てる際の注意点として知られていました。

現代の建築基準法のようなイメージで人々の間に伝わっていたのだそうです。

私たちが「風水」という言葉を使い始めたのは、1990年代のこと。当時のブームによって、「モノを置く」「方角や色で運を高める」といったものが、風水として広く知られるようになりました。

このブームは、風水の認知向上と普及には力を発揮したのですが、本来の目的とは少々異なるメソッドが風水として認識されるようになりました。

風水はバランスを整える学問です。

「家が整えば、人が整い、そして運気が拓いていく」というのが基本的な考え方です。

方角や色だけにこだわり、モノを置いたり飾ったりして運気を拓こうとすることは、風水の中でも限られた一部分でしかありません。

風水が目指すのは、人々の生活になじみ、日々、自然と取り入れられるような生活の知恵です。

5000年前に生まれた風水の原点に立ち戻り、これからの時代の風水の考え方を構築していきましょう。

風水のもとになった「陰陽五行」「九星気学」「三才の観」

風水の思想の土台になっているのが「陰陽説」と「五行説」、「九星気学」、「三《さん》才《ざい》の観」という考え方です。

陰陽説は「世の中にあるすべてのものは、陰か陽のエネルギーを持っている」という考え方に基づいた学問です。

例えば太陽は「陽」、月は「陰」のエネルギーを持っています。

陰陽と聞くと、陽が良くて、陰が悪いように考えるかもしれません。

しかし、陰陽説に良し悪《あ》しはありません。

光があるから影ができる。光が強ければ、その分、影も強くなる。

陰陽説を表すシンボルマークの「陰陽太極図」を目にしたことがある人もいるでしょう。

白と黒の勾玉《まが》が二つ合わさって、円になっています。

物事は、陰と陽がバランスを取り合って調和しています。そのバランスを崩さないことが、大切なのです。

五行説は、すべてのものが、木・火・土・金・水という5つのエネルギーに分かれるという思想です。

5つの気は、それぞれ木は土に、土は水に、水は火に、火は金に、金は木に勝つとする「相剋《そうこく》」と、木は火を、火は土を、土は金を、金は水を、水は木を生ずるとする「相生《そうせい》」という関係性で調和しています。

中でも、木・火・金・水には、方角では東・南・西・北、色では青・朱・白・黒、季節では春・夏・秋・冬、さらに四獣の青龍・朱雀・白虎・玄武が当てはめられています。

風水に方角や色のイメージが強いのは、この考えがもとになっているからです。

五行説は中国の春秋戦国時代に誕生したとされています。

この陰陽説と五行説が結びつき、「陰陽五行説」と呼ばれるようになりました。

■陰陽説を象徴する「陰陽太極図」

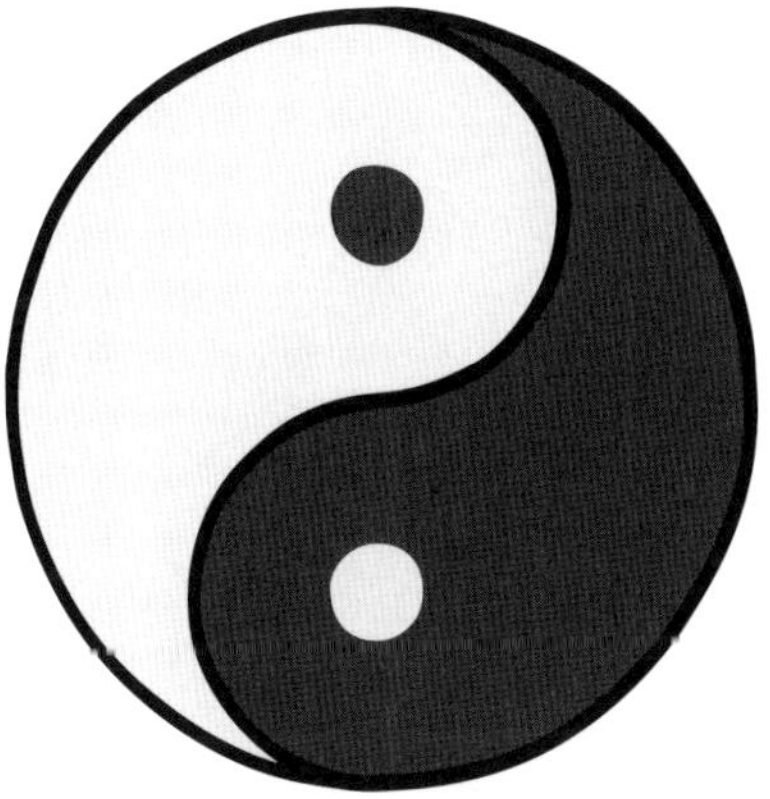

■5つのエネルギーから生まれた五行説

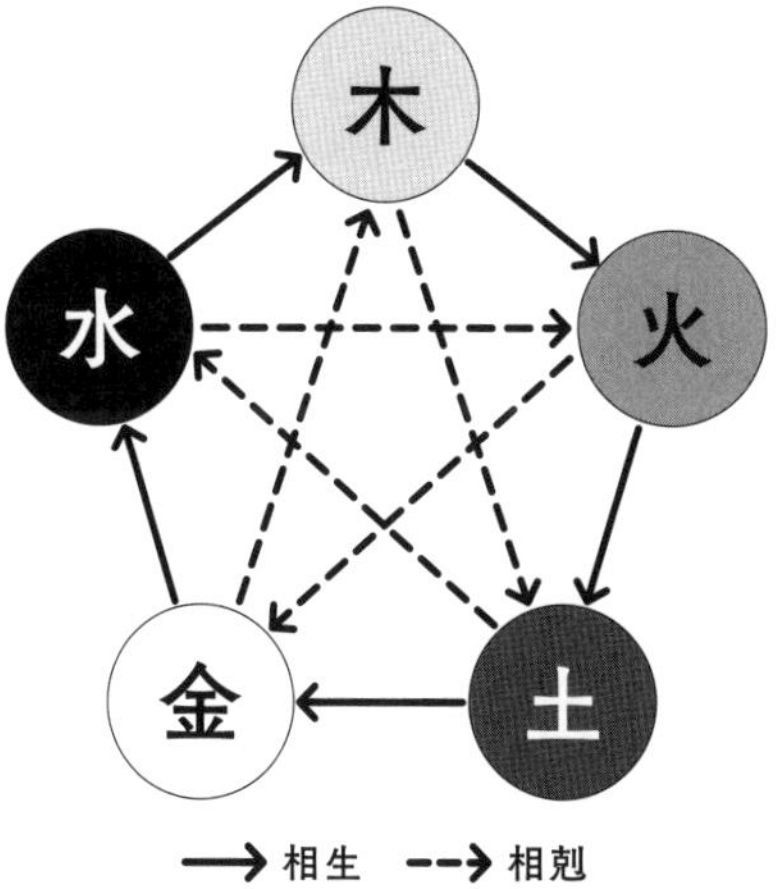

自分の特性が分かる九星気学

風水の土台になっている2つ目の学問が「九星気学」です。

「気」という考え方は、多くの人にとって最も身近なものかもしれません。

私たちは普段から、「雰囲気が良い」とか「元気がない」など、「気」という言葉を何気なく使っています。「この場所は何だか気が悪い」という感覚も、理解できますよね。


本書のメインテーマである「開運」も、「運気」を上げる行為です。

気は目には見えません。しかし私たちは、この目に見えないエネルギーをいつも意識しながら暮らしているのです。


気を扱う気学は、中国はもとより、日本でも長く使われてきました。

江戸時代、幕府は風水や気学に基づいて政治を司《つかさど》っていたという話もあります。

徳川家康が風水や気学を好んでいたようで、江戸に幕府が置かれたことも、気学の判断によるものだったそうです。

この気の流れを9つに分けたものが「九星気学」です。

自分の生まれた年の気の流れを知り、その流れに沿って行動することで、運気を最大限に高められるという考え方です。

九星は、一定のサイクルで巡っています。この世に生まれたタイミングで初めて吸い込んだ気が、その人の一生の運を司っているとされています。

生まれ年だけでなく、生まれた月と日にも九星が定められており、それぞれを「本命《ほんめい》」「月命《げつめい》」「日命《にちめい》」と呼びます。

生まれた年、月、日、つまり本命、月命、日命による気の組み合わせは実に1000通り以上。

これらを細かく調べれば、それぞれの人が持つ固有の運勢が厳密に分かるという統計学がベースになっています。

■九星気学早見表

一白水星	二黒土星	三碧木星	四緑木星	五黄土星
大正7年	大正6年	大正5年	大正4年	大正3年
昭和2年	昭和元年	大正14年	大正13年	大正12年
昭和11年	昭和10年	昭和9年	昭和8年	昭和7年
昭和20年	昭和19年	昭和18年	昭和17年	昭和16年
昭和29年	昭和28年	昭和27年	昭和26年	昭和25年
昭和38年	昭和37年	昭和36年	昭和35年	昭和34年
昭和47年	昭和46年	昭和45年	昭和44年	昭和43年
昭和56年	昭和55年	昭和54年	昭和53年	昭和52年
平成2年	平成元年	昭和63年	昭和62年	昭和61年
平成11年	平成10年	平成9年	平成8年	平成7年
平成20年	平成19年	平成18年	平成17年	平成16年
平成29年	平成28年	平成27年	平成26年	平成25年

六白金星	七赤金星	八白土星	九紫火星
大正2年	大正10年	大正9年	大正8年
大正11年	昭和5年	昭和4年	昭和3年
昭和6年	昭和14年	昭和13年	昭和12年
昭和15年	昭和23年	昭和22年	昭和21年
昭和24年	昭和32年	昭和31年	昭和30年
昭和33年	昭和41年	昭和40年	昭和39年
昭和42年	昭和50年	昭和49年	昭和48年
昭和51年	昭和59年	昭和58年	昭和57年
昭和60年	平成5年	平成4年	平成3年
平成6年	平成14年	平成13年	平成12年
平成15年	平成23年	平成22年	平成21年
平成24年	令和2年	令和元年	平成30年

注:1月1日～2月3日生まれの人は、生まれ年の前年があなたの本命星になります。

生まれ年の本命を知るだけでも、大まかな運気の流れは見えてきます。この運気の流れに沿って行動することで、効率良く開運したり、不幸を免れたりすることができます。

風水と陰陽五行説、九星気学の考え方は、根本の部分では共通しています。自分の状態を知り、欠けているものを補うことでバランスを整えていく。

何よりも「バランスを整える」ことを重視しているのです。「整える」ということは、本書で具体的に紹介する開運術のすべてに共通する重要なキーワードです。

天・人・地のバランスを整える三才の観

最後に、風水にとって欠かすことのできない東洋の「三才の観」という考え方について解説します。

「三才」とは「天《てん》」「人《じん》」「地《ち》」という3つの運を指します。

個人もこの「三才」を持っていますが、会社にも「天＝会社」「人＝社員」「地＝オフィス」というように、三才の観の考えを応用できます。

ここでも、3つのバランスを整えることが、開運の秘訣とされています。

「天《てん》」とは先天的に持って生まれた運命のこと。九星気学で導き出した「本命星」もこれに当たります。

人にはそれぞれ、生まれたタイミングで持っているバイオリズムがあります。「種まきの時期」「物事がスムーズにいく時期」「収穫の時期」といったタイミングが、定まっているわけです。この時期を読んでタイミングに合った行動を取れば、何事もうまくいきやすくなります。

「人《じん》」とは、無意識に生み出されている気のこと。自分の力を信じる気持ちや、自分の運を信じる気持ちが「人」ですが、心のバランスが整っていないと、自分を信じることが難しくなります。

三才の中では最も大切なのが「人」です。「人」は無意識によって左右される運なので、自分の精神状態の影響を受けます。

この「人」を味方につけるには、「必ず開運できる」「自分は運が良い」と信じること。強く信じるほど、「人」の気は強くなっていきます。

「地《ち》」とは環境のこと。住む土地や住む家など、生活状態が反映されます。住まいを整え、心地良く過ごしていれば、「地」の気は強くなっていきます。

「地」の開運が見直されている

開運の世界ではこれまで、多くの人が生まれ持った運命の「天」ばかり気にしていました。自分の持つバイオリズムを知り、タイミング良く行動することこそ開運につながると信じられていました。

その後、注目されたのが「人」です。「自分探し」といった言葉が象徴するように、向上心を持って自分を高めることや、自分の夢を見つけることが大切だと考えられるようになりました。

そして、現代。

コロナ禍を経て、家で過ごす時間が増え、人々は「地」の重要性に気づき始めました。

これまでは、「寝床があればいい」「狭くても家賃が安く、アクセスの良い家を」と住居を選ぶ人も多かったでしょう。

また外では身ぎれいにしていても、家の中は散らかっている人も決して少なくなかったはずです。

三才の観は「天」「人」「地」の3つをバランス良く整えること。

それなのに、「地」は長い間、軽視されてきたように感じています。

それがようやく、「地」を見直す時代に突入しました。

「地」が整って初めて、「天」と「人」も生きてきます。

三才の観の中で「天」以外は、努力や工夫次第で強化できます。

運気の3分の2は、本書を読んで実践すれば自力で切り拓けいていける、ということでもあります。

そう思うと、何だかワクワクしてきませんか。

これからの時代の開運は、怖いものでも、難しいものでもありません。

楽しいものであり、楽しむものでもある。

自分次第でいくらでも運は巡ってくるのですから。


そのための第一歩として、本章では、「風水」を使いこなし、「地」を整えていきましょう。

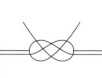

「鬼門」は恐れなくていい

ここからは、あたらしい時代の風水の実践メソッドを紹介します。

運気を高めたいなら、最初に整えるのは、自分の住まいです。

長い時間を過ごす自宅が、一人ひとりにとって一番のパワースポットであり、最も気の整う場所であるべきです。

そこで私は、「風水インテリア」という理論を確立し、風水を取り入れたインテリアで気を整える方法をお伝えしています。

本書でも、リビングやトイレなど、運気に大きな影響を与える場所で、何をすれば気が整うのかについて、ロジックとともに紹介していきます。

住まいのアドバイスをするために重要なのが、自分自身の住まいの経験です。

私はこれまで、働いて得たお金のほとんどを住まいに投資し、20歳から今まで、22回もの引っ越しを重ねてきました。

小さなアパートから高層マンション、土地を選び、理想通りの一戸建てを建てた経験もあります。2021年からは、東京と軽井沢の二拠点生活もスタートさせました。

離婚後、たった一人のアパート生活から、小さな娘や両親と一緒に暮らした一戸建て、週数日だけ使う二拠点の別荘まで、さまざまなタイプの住宅で、賃貸や売買を体験してきたからこそ、さまざまな人の住まいの悩みに答えることができると思います。

鬼門の由来を知れば怖くない

住まいの開運で真っ先にお伝えしたい新常識は、「鬼門はまったく恐れる必要がない」ということです。

多くの人が「鬼門」を非常に気にしています。

確かに、これまでの風水の常識では、「鬼門に台所やお風呂、トイレ、寝室があるとダメ」とされてきました。ここまで主要な設備がＮＧとなると、理想にかなう間取りの家など果たしてあるのかと、心配になりますよね。

鬼門となる方角は、東北60度ですが、この由来はご存知でしょうか。

鬼門は中国で生まれた考え方です。

中国には、かつて東北の地域に「馬賊《ばぞく》」という、騎馬を駆使して村を侵略し、皆殺しにする残虐な盗賊団がいました。

馬賊が攻めてこないよう国境の東北側に造った壁が「万里の長城」です。

この馬賊が起源となり、「東北は泥棒が入る方角」「東北は良くないものが来る方向」とされるようになりました。

その考え方が、のちの城造りや家造りにも残り、「東北は侵略者が来る方角」「東北に窓を造ってはいけない」「東北の守りを固めないといけない」と伝えられるようになったのです。

日本では、風水と九星気学が混ざって伝わっており、九星気学の観点からも鬼門は避けられてきました。

九星気学において、東北は冷たい風が入ってくる方角です。

空っ風の吹き込む東北にかまどがあると、火事になりやすくて危険ですよね。

当時の炊事は一日仕事。寒い台所に一日中いると体が冷えて病気になってしまいます。

だから鬼門である東北に台所があるとダメだといわれていたのです。

進化した現代の住宅に鬼門はない

ですが、現代の住まいはどうでしょうか。

家の中に、直接風が吹き込むかまどはありませんから、火事の心配は無用です。

現代では機密性が高く、空調で温度調節された家がほとんどです。仮に東北に台所があったとしても、温度管理をしていれば、体が冷えることもありません。

鬼門にトイレやお風呂、寝室がダメだとされてきたのは体が冷えるなど、ジメジメして邪気が溜《た》まることが原因でした。

であれば、トイレやお風呂、寝室を温かくして、こまめに掃除をして清潔にすることで鬼門の問題は解消されます。

鬼門については現在、日本ではほとんど気にする必要はないわけです。


昔の人は、家やそこに住む人を「整える」ために、鬼門に台所やお風呂、トイレ、寝室を避けよと訴えてきました。

しかし技術の進歩によって、昔の人が恐れた問題はもう解消されています。

本来なら、鬼門の捉え方も進化していいはずなのに、なぜか恐怖心だけが残ってしまいました。

理論を知れば、あたらしい時代にフィットした住まいの開運術にアップデートできるようになります。家の中をあたらしい開運方法で整えていきましょう。

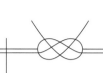

玄関は「居心地」重視で整える

住まいの中で、開運に最も大きな影響を与えるのが玄関です。

玄関は気の入り口。

玄関のあり方次第で、家全体の運気が大きく変わります。

まず意識してほしいのが、家に帰るのがワクワクするような空間づくりです。

仕事や学校など、外で張り詰めた気持ちを、ほっとさせる切り替え地点が玄関です。体も心もゆるみ、居心地の良さを感じさせることを意識しましょう。

そこで大切なのは清潔感。

入った瞬間にジメジメした湿度やホコリなどの汚れを感じる玄関はNGです。

家族の人数以上の靴がたたきに出ていたり、通販で届いた段ボールや傘がそのまま置かれているようなごちゃごちゃした玄関は論外です。

目から入る情報は、住む人の無意識に大きな影響を与えます。

玄関を開けた瞬間にごちゃごちゃといろいろな情報が入ると、それだけで人は無意識のうちに混乱してしまいます。

加えて、玄関にモノがあふれていれば、それらが気の流れを塞いでしまいます。新しい気は玄関から入ってきます。

それなのに、気が玄関で塞がれると、家全体の気の流れが滞ってしまいます。

まずは玄関をスッキリ清潔に整えること。

モノがあふれているならそれを片づけて、たたきには家族一人につき一足分の履き物を出しておくだけに留《とど》めましょう。時にはたたきの上の履き物をすべて片づけてもいいでしょう。

たたきのホコリを掃き出し、雑巾できれいに水拭きできると理想です。

こう書くと「なんだ、掃除をしろということなのか」と拍子抜けするかもしれません。

おもしろいことに、風水でアドバイスする内容は、お掃除のプロフェッショナルが提供する理想的な家の姿と共通点が多いのです。

風水は、家相や心理学とも連動しています。**風水の観点で玄関を整えると、それだけで住まう人の心にも良い影響を与えてくれます。**

風水では、人の体の不要なものは、足の裏から出ていくとされています。靴は脱ぎっぱなしにせず、帰宅してある程度乾かしたら、靴箱に収納するようにしましょう。靴箱も清潔な状態に保ってください。

傘も同様です。濡れた傘は、陰の気を放っているため、放置してはいけません。雨がやんだら傘を乾かして、片づけるようにしましょう。

よく、玄関の傘立てに何本もの傘を差し込んでいるケースがありますが、それもあまりオススメしません。

玄関はとにかくスッキリと、目に入る情報はシンプルに。傘は目に見えない場所に片づけてしまうことをオススメします。

玄関には良い香りを漂わせよう

大切なのが香りです。

自宅だと分かりづらいかもしれませんが、他人の家に入った瞬間、その家の匂いがすると感じたことはありませんか。

同じように、あなたの家にも、あなたや家族は慣れて気づかなくても、他人には分かる香りが漂っていると思ってください。

もしその香りがイヤな臭いだったとしたら、それは玄関に邪気が溜まっている状態です。

玄関は気の入り口。

家の中で最大のパワースポットである玄関が邪気で遮断されたら、家中に良い気が回らなくなってしまいます。

高級ホテルに入ると、ほのかな良い香りがして、気分が良くなります。これは香りで、心地良さを与えてくれているのです。

高級ホテルの中には、設計の段階で風水のプロフェッショナルがアドバイスをしているところもあるので、最高の手本でもあります。

高級ホテルのエントランスを目指して、自宅の玄関も良い香りがするように整えていきましょう。

オススメは天然アロマですが、身近で手に入るディフューザーなどで代用しても構いません。あなたや家族の気分が上がるようなお気に入りの香りを選びましょう。

臭気の原因を断つことも大事です。靴箱に消臭剤を設置し、傘立てを清潔に保って、湿度を取り去ってください。

毎日の玄関掃除が運気を高める

玄関は、毎日掃除するようにしましょう。

ホコリを掃き出し、たたきをモップや雑巾で水拭きすることで、良い気が玄関にあふれます。

お土産や飾りモノなどを並べてごちゃごちゃさせるのではなく、なるべくシンプルにすることもポイントです。

唯一、置いておきたいのが植物です。

玄関から入ってきた気を、より大きく拡散してくれるのが植物です。

心理学的にも、玄関を開けてすぐに緑が目に入ると、人は無意識にほっとした感覚を得て安心します。

季節ごとの花を生けると、季節のパワーを得ることができますし、観葉植物や小さなグリーンを飾るだけでも構いません。

サイズの大小は問題ではないので、自宅の玄関に合ったサイズのものを選びましょう。

私は、元気が出ない日には、旬の花のつぼみを飾るようにしています。花が開く前のつぼみは、生き物としてはパワー全開になる寸前の状態。強い生命力からエネルギーをもらうことができます。

これらは、あくまで生きた植物であることが大前提です。

ドライフラワーや造花などでは、むしろ逆効果となるので注意してください。

八角形の鏡はいらない

風水の通説では、玄関に八角形の鏡を置くと良いとされてきました。

私のところにも、「どこに置けば良いですか?」と相談に来る人がいらっしゃいます。八角形の鏡は、気を八方位に散らすとされているからです。

玄関に、鏡を置くことは良いことです。

鏡の効果によって玄関が広く感じられ、ゆったりとした気持ちになりますから。

その際、玄関の真正面に鏡を置かないようにしてください。

正面に鏡があると、入ってきた気をはね返してしまいますし、ドアを開けた瞬間に自分の姿が目に入ると、驚いてしまいます。

毎日、帰宅してドアを開けるたびにドキッとしていたのでは心は安らぎません。

正面しか置き場がないなら、鏡にカバーを掛けたり、鏡の前に植物を置いたりして、「これは鏡である」と認識できるようにしておきましょう。

玄関の正面さえ避ければ、置く場所は気にする必要はありません。左側でも右側でも大丈夫。玄関がより広く見える角度を選べばＯＫです。

八角形にこだわる必要もありません。それよりも、自分の好みや玄関とのインテリアの相性を優先しましょう。

現在の建築やインテリアのトレンド上、いかにも風水らしさを感じる八角形の鏡は浮いてしまうことが多いでしょう。毎日、違和感を覚えながらも「開運のためだから」と無理して置いても、気持ちは弾みません。

大切なのは、形にこだわるよりも、自分がときめいたり、気持ち良いと感じたりするデザインであること。

居心地の良い空間だなと感じられるデザインを優先させてください。

これが、あたらしい時代の開運の考え方です。

玄関マットは必要最小限でOK

時代を経ることで変わった風水のルールはほかにも、たくさんあります。

例えば、玄関のマット。

昭和の家では、家の外やたたき、靴を脱いだところなど、玄関にたくさんのマットがありました。

当時は舗装されていない道路も多く、落ち葉や砂利などが靴につくことが多かったわけです。それを払うには、家の外やたたきで靴についた汚れを落とす必要がありました。

ですが現代、都市で生活していると、そこまで靴が汚れることはありません。

道路は舗装されていますし、マンションの場合は自分の部屋に向かっている間に靴についた汚れやホコリが落ちていることもあります。

玄関が昔よりコンパクトになっている家も多いのではないでしょうか。

無理して玄関の外やたたきにマットを置く必要はありません。

唯一、残してほしいのは、靴を脱いだ後、玄関の床に置くマットです。靴を脱いで最初に家の中に足を踏み入れる場所に、厚みのあるマットを置くようにしましょう。

ふかふかした柔らかさを足の裏に感じることで気持ちがリラックスします。足元で感じた心地良さが無意識に働きかけるわけです。

ゆったりとした気持ちに切り替えて、家の中で過ごせるようになります。

気持ちを落ちつけるには、電球は蛍光灯ではなく、温かみのあるランプの光の色が、リラックス効果が高くて良いですね。

家の風水で最も重要な玄関。

ネット通販から届いた荷物を置きっぱなしにしたり、段ボールを捨てるまでまとめて置いたりしがちですが、もちろん、これらも好ましくありません。

玄関にある不要物は、体で例えるなら腫瘍のような存在です。

できものがあると、体の気の巡りは滞ってしまいます。

気を滞らせないように、常にスッキリと整えておくのが開運のポイントです。

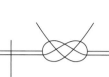

ソファは置き場所より人数に配慮する

風水で玄関の次に重要なのがリビングです。

リビングは、家族が集まり、多くの時間を過ごす家の中心地点。家全体に良運をもたらすカギとなる場所でもあります。

間取りを選べるなら、リビングは日当たりの良い南向きがベスト。太陽が降り注ぐ暖かいリビングは、理想的な空間です。

ソファも南向きに置いて、太陽のエネルギーをいただくことができるといいですね。ただ、方角にこだわって不自然に南向きに置く必要はありません。

それよりも、住んでいる人が見たいと思う景色が目に入る向きに置くことの方が重要です。

リビングの風水というと、「ソファの向きは？」「ソファの位置は？」と聞かれることが多いのですが、実は方角や配置よりも大切なのが、ソファに座って見える景色です。

青い空や生い茂る緑が見えると、豊かな気持ちになりますよね。

逆に、南向きでも、窓から目に入る景色が隣の家の壁や交通量の多い道路、線路だったりすると、気持ちが休まることはありません。

もしリビングの景観が良くないなら、レースのカーテンやブラインドなどを活用して、視界を整えることをオススメします。

ソファは素材や色にこだわるより「家族の人数」に合わせること

リビングの相談で最も多いのは、ソファなど大物家具の置き場所や方角、色や材質についてです。

しかし、モノの色や形、置く位置だけにこだわることが風水ではありません。

住んでいる本人や家族の心が安らぐなら、絶対にダメだという素材も色もありません。現代のライフスタイルに合わせた家具を選びましょう。

気をつけたいのは、ソファは家族全員が座れるものを選ぶということ。例えば3人家族なのに、2人掛けのソファしかないのはNGです。

リビングは、家庭運を左右する大切な場所。そこで、家族全員が気持ち良くくつろぐには、全員の居場所が確保されていることが大切です。

この考え方は、恋人が欲しい人や家族を増やしたい方にも応用できます。

現在は一人暮らしでも、恋人や結婚相手を探しているなら、ダイニングテーブルの椅子を二脚置き、グラスや茶碗もペアでそろえること。

そうすると、無意識のうちに人を迎え入れる体制が整い、恋愛運や家族運が高まっていきます。

リビングの家具は丸みのあるものを

これまでの時代、リビングの主役はテレビでした。

リビングの中心にテレビを置き、それを囲むようにソファを配置し、テレビを見ながら一家団欒《だんらん》の時間を過ごしていました。

しかし、徐々に家族一人ひとりの部屋にテレビが置かれるようになりました。同じ時間に、同じ番組を、家族みんなで見るような時間も随分と減っています。

さらに現代では、テレビを視聴する習慣がなくなり、テレビを置かない家も増えているようです。

目指すのは、家族同士が向き合えるような家族が主役のリビングです。

基本的には、住む人が好むインテリアに合う家具を選ぶのが最優先。

その上で、可能ならダイニングテーブルやソファは、なるべく角が丸くなっているものをオススメします。

丸や円は陰陽説では陽のエネルギーを持っています。

自宅の中でもリラックスをするリビングは、陽のエネルギーを満たした空間にすると安らげます。

丸いものは陽の、角張ったものには陰のエネルギーがあります。

四角い家具ばかりがあると、リビングが陰のエネルギーの持つ冷たい気質で満ちてしまい、家族の気分が休まりません。

もしリビングの家具が四角いものばかりなら、丸いランチョンマットや丸い椅子、丸い花びんや丸いクッションなどを活用して、陽のエネルギーを取り入れてください。


陰のエネルギーであふれたからといって不幸になるわけではありません。

あくまでも大切なのは、陰陽のバランスです。

角張った家具が多いなら、丸みのあるモノを配置してバランスを整えることがポイントです。

リビングの気をアップさせるシンボルツリー

リビングの運気を高めたいなら、家族の成長を象徴するシンボルツリーを置いてください。

ひと目で成長が感じられる背の高い植物なら、木の成長のエネルギーが家族の発展を後押ししてくれます。

玄関から入ってきた気が、植物のエネルギーによって、リビング全体に大きく回っていきます。特にウンベラータやベンガレンシス、モンステラといった葉の丸い観葉植物がオススメです。

最近では、本物そっくりのフェイクグリーンもたくさんあります。

しかしフェイクグリーンはNGです。必ず生きた植物を置いてください。

造花は陰のエネルギーを持つため、気の流れを良くするようなプラスの効果が

■気は「N」や「M」の字に流れる

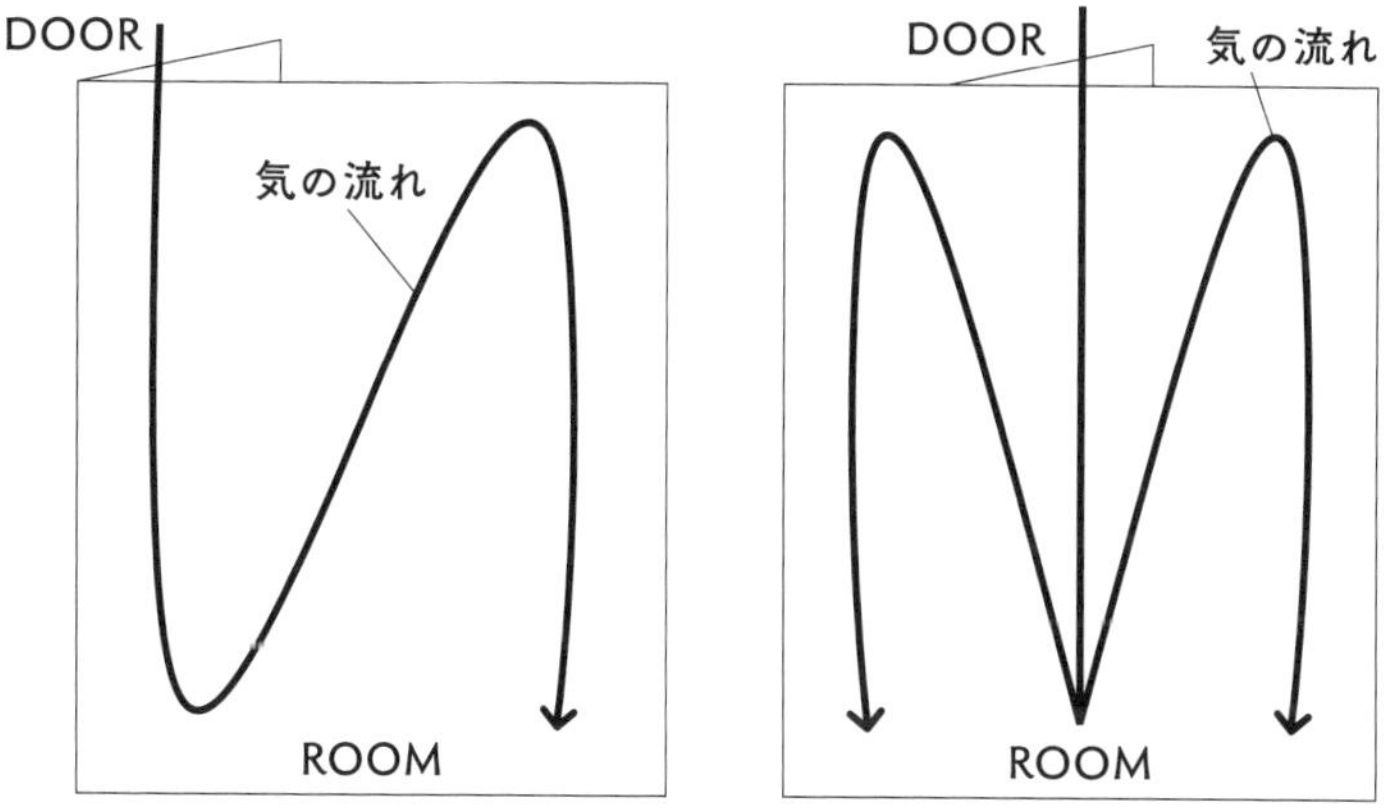

期待できないのです。

気は、上の図のような流れで、部屋の中を回ります。

入り口から入って、アルファベットの「N」や「M」の字を描くように流れていくわけです。

最後に気が溜まる場所に植物を置くと、より気の動きが活発になります。

入り口の対角線上にある場所には、棚などの大きな収納家具を置きたくなりますが、それは気の流れを遮ってしまいます。

気が溜まる場所は、なるべくスッキリさせて、部屋や家中に良い気が循環する工夫をしましょう。

ダイニングテーブルの上を片づけよう

私のオフィスには、家に関するさまざまな悩みが寄せられます。

自宅に不満を感じている人に共通するのが、リビングやダイニングが雑然として散らかっているということです。

リビングやダイニングにモノを置きすぎているんです。

ダイニングテーブルの上にたくさんのモノがあって、家族全員がそろって食事をできないというケースもありました。

リビングやダイニングが、生活しづらく、ストレスを感じるスペースになっていませんか?

これでは、開運にはほど遠いですよね。

特にモノが集まりやすいのが、ダイニングテーブルの上やカウンターキッチンの上、ピアノの上、テレビの回りなどです。

荷物が集まりやすい場所は定期的にチェックして、モノを減らしましょう。


スッキリと片づいているリビング。

これが、開運への近道です。

一人で過ごす時間も、一家団欒で過ごす時間も、モノがごちゃごちゃしていると、目から入るノイズで心が安らぎません。

整理整頓して、リビングの空間をスッキリさせること。

片づいていれば捜し物で時間を取られることもありませんし、物事がスムーズに運びます。


きれいに片づいた温かみのあるリビングは、家族全員を開運に導いてくれます。

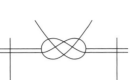

お風呂は邪気を取り除くことから

お風呂や洗面台などの水回りは、陰のエネルギーが溜まりやすい場所です。入念にケアしていきましょう。

以前なら、鬼門である東北にお風呂があるのは良くないことだとされました。しかし本章の冒頭で触れた通り、もう鬼門について気にする必要はありません。

体を水で洗い流す行為は、陰の気を流すことになり、厄除《よ》けにもつながります。

昔は家にお風呂がなかったり、毎回薪《まき》で火をたく必要があったりするなど、お風呂に入るのも一苦労でした。

しかし、現代は各家庭で簡単にお風呂に入ることができます。運気アップには絶好の環境なのです。

お風呂が陰の気で満たされないように、湿気対策には注意しましょう。最近は24時間換気の住宅が増えていますが、そうでない家でも、入浴後や掃除の後は、必ず換気をしましょう。カビや悪い臭いはもってのほかです。バスタブや壁の色にこだわる必要はありません。あなたや家族がリラックスできる色を選びましょう。

浴室空間で大切なインテリアの統一

シャンプーやボディーソープのボトルは、なるべく統一感を持たせてバランスを大切に。

同じブランドでそろえたり、詰め替え用のボトルを活用したりしましょう。つい新商品や美容グッズをあれこれと置きたくなりますが、浴室にいろいろなデザインのボトルやバスグッズが散乱すると、気が散って安らげません。掃除の手間が増え、ぬめりも発生しやすくなります。

ぬめりなどの邪気は開運の大敵です。

浴室に置くものは最小限に絞り、デザインも整えましょう。

これだけで浴室空間がスッキリと落ちついてきます。

すると湯船に入っていても余計な情報に思考を奪われることなく、静かに体と頭を休めることができます。


同じ発想で、洗面所もスッキリと整った空間にすることを最優先に。

化粧水やクリーム、ヘアスプレーやドライヤーがごちゃごちゃと表に出ているのは良くありません。なるべく棚の中やボックスに収納しましょう。

洗面所は、歯を磨いたり、手や顔を洗ったりして、体についた邪気を洗い流す場所です。

水道を使うたびに飛び散った水滴を拭き取り、ピカピカな状態をキープしましょう。

鏡もきれいな状態に。**鏡は自分を映すものですから、鏡を磨くことは、映る自分を磨いていることと同じなのです。**

タオルとパジャマは上質なものを選ぼう

タオルやパジャマは質の良いものでそろえることが開運につながります。

ここでもお手本にするといいのは、高級ホテルです。

多くのホテルのタオルは真っ白で、手触りがとても良いですよね。

毎日、直接肌に触れるものですから、ワンランク上のモノを選んでください。

色があせたり、水分の吸収が悪くなったりした古いバスタオルを使い続けていると、手に取るたびに感じた不快感が無意識に残ります。

「何となくイヤだな」という小さな不快感が積み重なると、運気を下げる原因になります。

こうした日常の不快感はなるべく無視せず、体の声に素直になりましょう。

毎日手に取るたびに「ふかふかして気持ちいいな」と感じるだけで、生活の質が高まり、この気持ち良さが運気を呼び込んでくれます。

パジャマは、麻素材のものがオススメです。**麻には魔除けの効果がありますので、睡眠中に体から出た邪気を吸い取り、浄化してくれます。**

色やブランドは、好みのもので構いません。自分が心地良いと感じることが、「整っている」状態です。ですから、何よりも着心地を重視すること。見た目のテイストがバラバラすぎると、やはり気持ちが落ちつきませんので、なるべく統一感を持たせましょう。

お風呂は朝でも夜でもＯＫ
湯船に浸《つ》かって邪気を祓う

時々、「ユニットバスではダメですか」「洗面所と脱衣所がつながっている浴室は大丈夫ですか」といった相談も受けます。

間取りは、特に気にする必要はありません。

暮らしやすい動線なら、気の流れが乱れませんから問題ありません。

お風呂に入る時間は、朝でも夜でも構いません。

朝のエネルギーに満ちた時間にお風呂に入ってエネルギーチャージをする人もいますし、夜に一日の邪気を洗い流す目的で入浴する人もいます。

良し悪しはありませんから、ライフスタイルに合わせて選んでください。

それよりも大切なのは、きちんと湯船に浸かることです。

忙しくなるとついシャワーで済ませる人も多いのではないでしょうか。

しかし入浴は溜まった邪気を祓い、心と体をリラックスさせ、英気を養う大切な時間。ですから湯船に浸かり、全身を温めて隅々まで清めていきましょう。

お気に入りの入浴剤を入れるのもOK。

厄除け効果を期待するなら、柑橘系の香りの入浴剤か塩風呂がオススメです。

私は毎月、吉方位にパワーチャージ旅行に出かけては、その土地の温泉に浸かって土地の持つエネルギーをいただいています。

しかし、どうしても忙しくてパワーチャージ旅行に行けないときは、吉方位にある温泉地の入浴剤を入れて、土地のエネルギーをいただくようにしています。

入浴剤を通して吉方位に行った気分だけでも味わって前向きになれたら、開運に一歩近づくと思っています。

バスタイムは最高のデトックスタイム。
マイナスの邪気を流してくれるので、気持ちを切り替えるためにもうまく、活用していきましょう。

サウナも悪い気を流して、気持ちを「整える」ことができるのでオススメです。

浴室の相談では、方角や時間、色ばかり気にする人が多いように感じます。ですが、浴室で一番大事なのは湿気（邪気）対策。常に清潔にしておきましょう。ピカピカのお風呂に入って体と心を整えることが、あたらしい時代の開運術です。

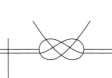

トイレは掃除のしやすさを最重視

トイレも、開運のために大切なのは清潔さを保つことにあります。


「トイレ掃除をするとお金持ちになる」

「成功者は毎日トイレ掃除をしている」


こんな言葉を聞いたことはありませんか？

これらは、非常に理にかなった話です。

風水の世界では長らく、トイレは「不浄の場所」とされてきました。

日が当たらない寒い方角である北や鬼門の東北にトイレがあるのもダメだといわれています。これは、寒い場所にトイレがあると体が冷え、病気にかかりやすくなるからだといわれてきました。

しかし、現代のトイレにこの考え方は当てはまりません。

水洗環境が整っているため排せつ物が溜まることはありませんし、便器の抗菌機能も向上しています。気密性の高い現代の建物では、方角によって室内の極端な温度差もありません。

では、これからの時代にトイレの気を整えるにはどうすればいいのでしょうか。

トイレに本や雑誌を置いてはいけない

トイレは、家族や家全体の気が流れ去る出口です。ここが汚れていると、家全体の気の流れが滞ってしまいます。

カビや水あかに注意して、床やマット、タオルを清潔に保つことが重要です。

インテリアもシンプルにし、清潔でスッキリとした空間にすることが、気の流れを良くします。

わざわざ開運グッズを置く必要はありません。

家によってはトイレに本や雑誌を置いているケースもありますが、これはオススメしません。

気持ちが盛り上がる本をインテリアとして1、2冊置くのはいいのですが、乱雑に置きっぱなしにするとホコリが溜まり、気が乱れてしまいます。

大量の本がトイレに置きっぱなしになっていると、ホコリが気の流れを停滞させてしまいます。

同じ理由でトイレットペーパーのストックも見えないように収納しましょう。

掃除道具も同様です。

見えるように置きたいのは、季節の花や植物です。これらはトイレの気を浄化してくれます。

ただ、造花やドライフラワーにはエネルギーがありませんから、わざわざ置く必要はありません。

トイレは常に清潔に便座のフタは閉じよう

最近のトイレは進化していて、自動洗浄機能を持つ便器も増えました。ですので、汚れが目立たない限り、毎日、完璧に掃除する必要はありません。

それでもホコリが溜まりやすい床は、モップなどできれいに拭くことが、運気をアップさせます。

「掃除をする」行為が運気を上げるのではなく、「トイレがきれいである」という状態が無意識に働いて、ストレスやノイズを減らして運気を高めてくれます。ですから必ずしも自分で掃除をする必要はありません。

家事代行にお願いしても同じ効果は得られるので、ご安心ください。

時間や手間との兼ね合いで、便利なサービスを積極的に活用し、賢く効率的に開運していくのが、あたらしい時代の開運術です。

人に委ねるのも一つの手でしょう。

清潔に保つことと同じくらい大切なのが、香りです。

トイレは悪臭がこもりやすい場所。なるべく邪気が停滞しないよう、良い香りを保ちましょう。天然のアロマオイルが理想的です。

臭いがこもらないようにするためにも、便座のフタは必ず閉めてください。雑菌が飛ばないようにするためにも重要です。

便座のフタを閉めることは無意識にも働きかけてくれます。

私たちは、トイレに汚いイメージを持っています。雑菌や悪い臭いがついていると無意識で思っているのです。

だからこそ、フタを閉めることで、見た目の安心感を得ることができます。

私はこれを「無意識を安心させる」と表現しています。

こうした、ちょっとした違和感をなくして無意識を安心させることが、気を整えることにつながっていくのです。

トイレの3点セットはもう古い

トイレの壁紙やタオルの色は、なるべく暖かい色をオススメしています。寒い印象を与える寒色は推奨していません。全体の統一感も大事にしてください。トイレカバーとトイレマット、便座カバーという、いわゆるトイレの3点セットは、かつては、どの家庭でも必須アイテムでした。

これらが必要だったのは、トイレの床が冷えて寒く、温熱便座がなかったからです。しかし現代は機密性の高い住宅が増えているため、トイレも十分温かいですし、温熱便座のメリットを享受するなら便座カバーはない方が便利です。

布類が増えるとホコリが溜まりやすく、こまめに洗濯する必要もあります。

特に必要性を感じないようであれば、掃除のしやすさなどを重視し、3点セットは手放して構いません。

ペットのトイレは視線に入らない場所に

最近の相談で増えたのが、ペットのトイレについてのお悩みです。

特に都心部の狭い間取りの家でペットを飼っていると、トイレシートや猫砂の置き場所に困るようです。

わざわざ専用のスペースを設けるのは物理的に難しいと思いますので、リビングの一角に置いても構いません。

ポイントは、なるべく住む人がくつろぐ場所の「視界に入らない方向に置く」ということです。

家族がソファでくつろいだり、ダイニングで食事をしたりするときに、目に入らない場所に設置するようにしましょう。

ペットのためにも、人の通る場所ではない空間にトイレを設置してあげましょう。その方がペットにとっても落ちつくはずです。

転職活動でも目当ての企業のトイレをチェックしよう！

トイレは非常に重要な空間です。

そこで、ビジネスパーソンの人にオススメしたいことがあります。

転職活動や重要な取引先との商談でオフィスを訪れた場合には、ぜひ、その会社のトイレをチェックしてみてください。

トイレの状態で、その会社がこの先、発展するのかどうかが分かります。

どんなにきらびやかなオフィスでも、トイレが乱雑だったり、清潔感がなかったりすると、会社の運気が芳しくない可能性は大です。

外部の人にはあまり見せることのない空間だからこそ、その会社の本質が分かります。

寝室は無意識が安心する工夫を

寝室について改めるべき古い言い伝えは「北枕は縁起が悪い」というものです。故人の遺体を、頭が北側に向くようにして安置してきた風習から、「生きているうちに北枕で眠るのは不吉」と考えられるようになりました。

しかし実は、風水的には、北枕は質の良い眠りが取れる最も良い方角です。

北は風水だけでなく、天文学や仏教でも良いとされています。

北極星が輝く北の方角は、古くから方位の目印とされてきました。

北極星はいつも変わらず同じ場所で輝いています。そのため古代の天文学では、北を「永遠」の場所と位置づけていました。

北枕で眠ると永遠の命を得られるとも考えられていて、だからこそ徳川家は、江戸幕府から北にある日光に徳川家康らを祀る日光東照宮を造営したといわれています。

仏教においても、お釈迦様は北向きに横たわり、顔は西を向いています。西を向いているのはそちらに極楽浄土があるからですが、北向きに横たわっているのは、古来インドでは北に理想の国があると考えられていたからです。

北は子《ね》の方角でもあります。昔は寝《ね》という漢字を用いていました。子の刻（夜23〜深夜1時）に眠るのが最も良いとされるのはそのためです。

歴史を知れば、北枕は怖くありません。これからは北枕は開運の方角だと捉えましょう。

枕の向きで絶対にNGという方角はありません。

方位を気にして、寝室の中で不自然な方向にベッドを置く必要はありません。家具の配置のバランスが崩れない範囲で試してみてください。

東枕も、インスピレーションが湧く方角ですのでオススメです。

枕の向きよりも大切な窓や扉とベッドの位置

枕の向きよりも重要なのが、窓や扉とベッドの位置関係です。気は窓から入ってきます。ですから窓の真下に頭があると落ち着きません。窓の真下に枕が位置するようなレイアウトは避けましょう。

同じように、寝室の入り口の方向に頭を向けるのも避けてください。**ベットに横たわったときに、入り口が見えることが重要です。**眠っているときに最も外敵に襲われるリスクが高まります。そのため出入り口を視界に入れて常に警戒することが、身を守るためのルールでした。入り口が見えるようにして眠る方が、動物の本能として安心感が得られるのです。

一般的に、風水では入り口の対角線の位置に気が溜まるとされています。ですからそこを重たい家具で塞がないこと。もし家具の位置を変えられないなら、せめて壁から少し離すだけでも気の流れを妨げずに済みます。

無意識を安心させるという目的では、寝姿が映る位置に鏡を置くのもNGです。動いた自分が映った姿が目に入るたびに、部屋に侵入者がいるのではと驚いてしまいます。

カバー類は麻素材がベスト

ベッドの素材は、できれば金属ではなく、木など自然素材のものを選びましょう。金属は電気を受けやすく余計なものを拾いますし、体を冷やす素材です。

ベッドカバーや枕カバーは、パジャマと同じく麻がベストです。魔除けの効果がある麻が邪気から守ってくれます。

特に寝ている間は「魔が入る」といわれて災いが訪れやすいので、しっかりと体を守りましょう。

寝室も清掃は欠かさずに。

ベッドの下はホコリが溜まりやすいので、収納を置く場合は日々のこまめな掃除を心がけてください。ロボット掃除機が入る高さのベッドを選び、掃除はおまかせしてしまうのも良いですね。

寝室に観葉植物を置くのもオススメです。

私は、入り口と対角線上の気の溜まるスペースに観葉植物を置いています。朝目覚めたとき、最初にグリーンが目に入ると、元気をもらうことができますし、観葉植物が部屋中にプラスの気を巡らせてくれています。

選ぶのでしたら、安心感を与えるような丸い葉の形の植物にしましょう。

朝起きたら、寝室の窓を開けて、空気を入れ替えましょう。ベッドメーキングも欠かさずに。

眠っている間は、厄祓いとパワーチャージにつながる重要な時間です。

寝室は常に気持ちの良い状態を保ち、日中の開運につなげていきましょう。

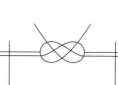

子供部屋と仕事部屋は集中力を高める工夫を

仕事部屋や子供の勉強部屋に関する相談は、リモートワークが定着したこの数年でとても増えました。

これからの時代ならではの風水のチェック項目といえます。

最大のポイントは、ドアに向かって机を置くこと。椅子に座ると、入り口が見える状態に机を配置するのが理想的です。

入り口を視界に入れておくと、作業がはかどります。

戦国時代、戦では必ず敵に正対して陣を取っていました。その上で、最も守らなければならない大将の背後は、崖や川、絶壁など、攻められにくい場所に置いていたのです。「後ろ盾」という言葉の由来はここから来ています。

それくらい、人間にとっては後ろに盾がある状況は安心感につながるわけです。仕事部屋でも壁や窓を背にして、入り口に顔が向くように配置しましょう。実際、企業でも社長室などの机の配置はこのようになっていますよね。一人暮らしでも、人は無意識で「誰かに見られているかも」という意識を巡らせています。無自覚であっても、気持ちが整っている方が仕事がはかどります。

蛍光灯を利用して集中力を高めよう

家具の配置が決まったら、次はインテリアや小物類です。

仕事部屋の場合、入ってすぐの視界に気を配りましょう。部屋に入って真っ先に目にするものが無意識に影響を与えます。仕事や勉強をはかどらせたいなら、テレビやゲーム、漫画がぎっしり入った本棚や、一休みしたくなるベッドがすぐに目に入るのはNGです。

子供部屋の場合は、世界地図や地球儀など、子供の好奇心を育むようなものを視界に入りやすい場所に積極的に置いていきましょう。

ほかに取り入れたいのはグリーンです。

植物は、パソコンから出る電磁波など、陰のエネルギーを吸収してくれます。

使えないペンや、切れないハサミも気を滞らせてしまうので、文房具は定期的に整理整頓しておきましょう。


家の中は基本的にリラックスできる空間にすることが望ましいのですが、唯一、仕事部屋や勉強部屋は蛍光灯を活用したい場所です。

最近では、リモコン操作で白熱色と蛍光色を切り替えられるようなライトもあります。

便利な最新の家電を使い効率化し、快適な作業スペースを作ってください。

仕事部屋や勉強部屋を整えれば、仕事運や勉強運がアップします。

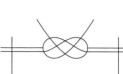

引っ越しは大きな開運のチャンス！

これまで、家は一生モノの買い物とされていました。

多くの人が「夢のマイホーム」を持つことを目指していましたし、長男は生まれ育った家を継ぎ、次世代につなぐことが当たり前とされていました。

しかし、もはや家は「住み替える」ことが当たり前になっています。

一生、賃貸でライフステージに合わせて住む家を替える人も増えていますし、家を購入しても売却して住み替える人や、移住や二拠点生活を実現させる人も増えています。

家はもう一生モノではなく、状況に応じて気軽に住み替えられるものなのです。

そうなれば、引っ越しを経験する人も増えていきます。

引っ越しのタイミングで、私のもとに相談に来る人の目的は開運です。

実際、引っ越すたびにどんどん運気を高めていらっしゃる人もたくさんいます。

引っ越しで運気をアップさせたいと思うなら、まず実践してもらいたいのが、理想のライフスタイルを明確にすることです。

多くの人が住宅については、希望の広さや駅までの距離など、細かな条件を持っています。

しかし「どんな暮らしをしたいですか?」と聞くと、意外と答えられません。

「都心で文化や利便性に触れながら暮らしたい」

「自然の中でプチ菜園をしたい」

「友人が集まる場所にしたい」

このように理想のライフスタイルをはっきりさせましょう。

家探しは、そこからスタートします。

運気の上がる家選びに大切な、気の流れ

物件を選ぶ上で大切なのが「気」の良さです。家の中だけでなく、マンション全体の管理状態や駅からの道のり、周辺の環境なども重要です。大切なのはあなたの感覚。

歩いていて「何となく気持ちがいいなあ」と感じられることがポイントです。**風が気持ち良く流れ、日が差し、気持ちが落ちつくこと。無意識でどのように感じているのか、五感を研ぎ澄まして察知してみてください。**

家の中で注意すべきなのは、窓から見える景色です。

ずっと見続けたいような心地の良い景観が広がっていればベストでしょう。もし家の中がきれいでも、お隣さんと目が合うほど距離が近かったり、下品な看板が視界に入ってきたり、交通量の多い道路に近くて落ちつくことができなかったりするなら、それは運気を上げる家とはいえません。

窓を開けて、風が通るかどうかも調べてみましょう。

風通しが悪く、ジメジメしている家は、邪気が溜まりやすくなってしまいます。

それを知るために、あえて天気の悪い日や外が暗くなった時間の様子も見た方が良いかもしれません。

良い気は、植物や照明、家具の置き方などを工夫して部屋の中に取り込むことができます。だからこそ、変えることのできない外的環境によって邪気が溜まらないことを確認する必要があるのです。

引っ越しの方位と日取りはプロに相談しよう

引っ越しが決まると、方位と日取りをチェックします。

住む物件のある場所が、現在の住まいから見て吉方位となるタイミングに引っ越しをしましょう。

引っ越す日の吉方位を自分で調べるのは少々大変ですし、自己流の解釈で誤った方位を選んでしまう人がいるので、ここはプロの手を借りるといいでしょう。

その際に、「どの段階で相談に行けばいいですか?」とよく聞かれます。

私がオススメしているのは、「引っ越しをしてもいいかな」と思ったときでも、家が見つかったときでもなく、「引っ越す」という意思を固めたタイミングです。

お話しするうちに時期や場所が具体化されていき、ピッタリの物件が見つかるようになります。

結果的に時間もコストも削減されて、効率良く理想の住まいと出合うことができます。


家選びで大切なのは、完璧を目指さないことです。

完璧な人がいないのと同じように、家相にも完璧などありません。

人と同じように、家の個性を知り、それを生かしていくのです。

インテリアの配置や工夫次第で、住まいはいくらでも運気の良い家にすることができます。だからこそ、あなたの心がワクワクする家を選びましょう。

第2章まとめ

風水の新常識

- 現代の住宅では「鬼門」を恐れなくていい
- 玄関で大切なのは清潔感。風水の置物はいらない
- リビングのソファは色や形よりも座れる人数を気にしよう
- トイレや浴室はモノを飾るより、モノをなくして清潔に
- 寝室の「北枕」は気にしなくてＯＫ

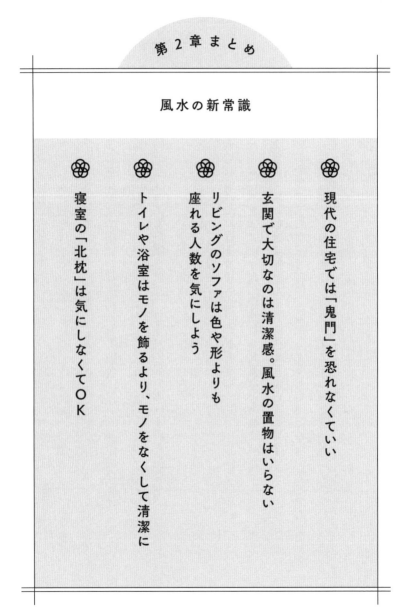

第3章

神社参拝の新常識

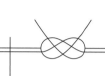

神様に優劣は存在しない

開運というと、真っ先に思い浮かべるのが神社ではないでしょうか。

「神頼み」という言葉もあるくらい、私たちは昔から神様を身近に感じ、敬い、その力を借りながら生きてきました。

最近は、神社の御朱印を集めることがブームになっています。コロナ禍で一時的に海外旅行が難しくなり、国内旅行の良さを再確認する人が増え、神社が大きな注目を集めています。

私は、かねて「開運神社学」を提唱しており、出雲大社で修行し、神官の資格を取得しました。

その経験を生かし、風水や九星気学、陰陽五行だけでなく、神社を通した開運術についてもお教えしています。

神社の歴史や参拝方法をお伝えする中で、次のような質問をよくいただきます。

「どの神社に行けばいいですか？」

「一番効く神社を教えてください」

「金運アップに効果のある神社はどこですか」

お手軽に幸運を手にしたいと思う人が増えているように感じます。


私はこのことを、残念に思っています。

というのも、神社との正しい向き合い方が分かれば、参拝はもっと楽しくなるからです。

一方で、神社に関する思い込みや、根拠のない禁忌事項がたくさん存在しているのも事実です。

本章では、あたらしい時代の神社参拝のルールを紹介します。

上手に神社と神様のパワーをお借りできるようになりましょう。

意外と知らない神社参拝のルール

まず、神社とは何でしょうか。

きちんと理解している人は意外と少ないので、整理していきましょう。

神社は、日本が昔から信仰する「神道」の信仰に基づく祭祀の場所です。

そのため、基本的に日本にしかありません（ハワイの出雲大社の分社など、一部海外にも神社は存在していますが）。

古くから日本に大きな影響を与えた中国では、国の統治に風水や宗教が活用されてきました。神社にも風水の知見が数多く取り入れられています。

開運に非常に効果がある神社参拝ですが、残念なことに、私たちが正式な参拝方法を習う機会はほとんどありません。

多くの人が、親など身近な人の作法を見よう見まねで実践してきたのではないでしょうか。

時には、「そんなことをするとバチが当たるよ」とか「神様に怒られるよ」などと注意を受けたりもします。そうすると不安になりますよね。

日本が大事にしてきた神道の正式な参拝方法は、学校の授業で教えるくらい大切なことです。より豊かな人生を送るためにも、とても大事なことだと思います。

日本にある神社の数は8万以上。

日本中、至るところにあるパワースポットを運気アップのために有効活用しないのはもったいないことです。

本章で正しい参拝について知って、開運に生かしてほしいと思います。

神宮と大社の違いは？

神社には、「神宮」と「大社」が存在します。

「神宮」と名前のつく神社の多くは、天皇や皇室の祖先神が祀られています。明治時代に一部の神社が、「神宮」へ名称変更されました。

象徴的なのが東京・渋谷区にある明治神宮や、天皇の祖先人とされる天照大御神が祀られている伊勢神宮など、日本を代表する神社としても知られています。

一方の「大社」は、特定の祭神による神社の系列グループの本社に当たります。「大社」と名のつく神社は出雲大社を含めて、全国で24社あります。これらはいずれも神宮と同じように、格の高い神社です。

出雲大社を除く23の大社は、戦後、「大社」と名乗るようになりました。「大社」を名乗るには基準があり、平安時代に定められた神社の格づけ制度の中で、「官幣大社」や「国幣大社」など、非常に高い格づけがされていることが条件になっています。

大社では出雲大社や宗像大社、熊野本宮大社などが有名です。

勝負事なら八幡宮へ
商売繁盛なら稲荷神社に

神宮や大社以外にも、日本にはたくさんの神社が存在しています。

「八幡宮（八幡神社）」はおよそ4万社、「稲荷神社」はおよそ3万社あるといわれています。どちらもとてもポピュラーな神社です。

その違いをご存知でしょうか。

八幡宮に祀られているのは、応神天皇《おうじんてんのう》や神功皇后《じんぐうこうごう》など。総本山は大分県の宇佐神宮です。

応神天皇は、古事記によると武勇伝が多く、出世や成功の象徴とされる文武両道の戦いの神様。そのため、戦争祈願で訪れる神社でした。八幡宮は武士によって発展した神社です。

一方の稲荷神社で祀られているのは、穀物の神様である宇迦之御魂神《うかのみたまのかみ》。総本山は京都にある伏見稲荷大社で、愛知県の豊川稲荷、佐賀県の祐徳稲荷と合わせて、三大稲荷といわれています（諸説あり）。

こちらは商売繁盛の神様で、江戸時代の頃から盛んに建立されました。

江戸時代は天下が統一され、戦争のない平和な時代。そのため、神社の流行も戦いに強い八幡宮より、商売繁盛のお稲荷様の方が、商人や庶民の人気を集めました。

当時は、現代のように娯楽がたくさんあるわけではありません。代わりにビジネス交流会や話題の商業施設に遊びに行く感覚で、お稲荷様に参拝していたのかもしれません。

現代でも勝負事は八幡宮に、商売繁盛は稲荷神社に、と目的に合わせてお参りする人もいます。

歴史を知ると、神社に参拝することが身近に感じられ、楽しみになりますね。

ちなみに、お稲荷様はキツネが祀られていると勘違いされる人が多いのですが、キツネは神様からのお使いとして神社にいます。

普段から大切にしたい
氏神様と産土神様

神社ではほかにも、氏神《うじがみ》様や産土神《うぶすながみ》様があります。こちらについても整理していきましょう。

氏神様とは、その土地を守る神様のこと。もとは一族の神様を指しました。

産土神様とは、その土地で生まれた子供を守る神様のことです。

日本では長らく、一族が同じ場所に住み、土地と家族を発展させる生き方が一般的でした。そのため一族を守る神様の氏神様と、その土地を守る神様の鎮守神《ちんじゅがみ》様、その土地で生まれた子供を守る神様の産土神様が同じだったわけです。

ところが時代が変わり、進学や転勤、移住などで住む場所を変える人が増えるようになりました。

生まれた土地で一生を終える人は少なくなり、一族どころか、家族全員が同じ土地に住むとも限らなくなっています。

そこで、それぞれの神様も、分けて祀られるようになりました。

今後、時代が移り変わると、氏神様の形も進化するかもしれませんね。

現在住んでいる場所の氏神様を知りたければ、神社本庁に電話をして住所を伝えると、教えてもらうことができます。

氏神様は、現在住んでいる土地で、常にあなたや家族を守ってくれる大事な神様です。ぜひ調べて、参拝するようにしましょう。

神様はバチを与えない

それぞれの神社の特色が分かってきましたか。

では、冒頭の「どの神社に行けばいいか？」という質問に戻りましょう。

大前提として理解しておきたいのが、神様に優劣はないということです。

日本人は古来、自然とともにあり、「唯一神」ではなく「八百万《やおよろず》の神」を信仰してきました。

山にも川にも酒にも石にも、万物に神様が宿り、等しく私たちを守ってくれている。足の神様や、天気の神様、トイレの神様、魚の神様や卵の神様など、本当に多様な神様がいらっしゃいます。

森羅万象の至るところに神様がいる、というのは非常に心強いことですよね。

すべての神様が等しい存在ですから、「より良い神社」や「最も効く神社」という順位づけはそもそもナンセンス。

訪れるといい日はありますが、訪れてはいけない日も存在しません。

喪中や出産直後、生理中の女性などは神社に参拝してはいけないという言い伝えもありますが、私は気にしなくていいと考えています。

神様は、そんな理由で参拝に訪れる人を排除したりはしません。もっと気軽に、日常的に神社を訪れてみてください。


神社参拝のルールの中で「こんなことをするとバチが当たるよ」などと注意する人もいます。

しかし、神様はバチも与えません。自然界にいる神様が、私たちに害を与えることはないのです。

「バチ」とは諸説ありますが、仏教がもとになった考え方とされています。仏様の教えに背いた行いをすると災いが起こるといったもので、お坊さんが出てくる昔話や民話によくあるエピソードです。

「いろんな神様に浮気するとバチが当たる」

「お札やお守りを並べて飾ると神様が喧嘩《けんか》する」
「この神社よりあの神社の方が効く」

こうした話も、迷信です。
神社も神様も、私たちが考えているよりもずっと自由で、懐の深い存在です。
大切なのは神社に参拝し、神様に感謝する習慣をつけること。
これからの時代はもっと身近に神様を感じ、神様の力に助けてもらいましょう。
正しい参拝方法を知れば、チャージできる神様の力もさらに高まっていきます。

神社参拝に迷うなら
まずは一宮から訪れてみよう

どの神社を訪れても大丈夫——。
そうお伝えしてもなお、日本には8万社以上の神社がありますから、迷ってしまう気持ちも分かります。

そのような人には、まず「一宮《いちのみや》」への参拝をオススメしています。

「一宮」とは、特定の地域の中で、最も社格が高いとされる神社のこと。

社格とは「神社」の格づけであって、そこに祀られている神様の格づけではありません。

一宮は「イヤシロチ」と呼ばれる、非常に快適で、心地の良い空間を選んで建てられています。鳥居の数も多く、山頂に奥宮があるような広大な敷地の神社が多いのも特徴です。

本宮を参拝するまでにいくつもの鳥居をくぐるため、心を整える時間がたっぷりありますし、気持ちの良い場所に立っているので、自然や澄んだ空気を堪能しながら歩くだけでも、気持ちがスッキリします。

時間に余裕があるなら、本宮を参拝した後は、奥宮に足を延ばしてください。

一宮は、神様と向き合うための心と体を整える準備をした後でお参りできる神社です。

全国各地にありますので、近くの一宮に訪れてみましょう。

■全国の一宮の一覧表

	神社名	鎮座地
畿内		
大和	大神神社	奈良県桜井市
山城	賀茂別雷神社（上賀茂神社）	京都府京都市
山城	賀茂御祖神社（下鴨神社）	京都府京都市
河内	枚岡神社	大阪府東大阪市
和泉	大鳥神社	大阪府堺市
摂津	住吉大社	大阪府大阪市
東海道		
伊賀	敢国神社	三重県伊賀市
伊勢	椿大神社 都波岐奈加等神社	三重県鈴鹿市 三重県鈴鹿市
志摩	伊雑宮 伊射波神社	三重県志摩市 三重県鳥羽市
尾張	真清田神社	愛知県一宮市
三河	砥鹿神社	愛知県豊川市
遠江	小国神社 事任八幡宮	静岡県周智郡 静岡県掛川市
駿河	富士山本宮浅間神社	静岡県富士宮市
伊豆	三嶋大社	静岡県三島市
甲斐	浅間神社	山梨県笛吹市
相模	寒川神社	神奈川県高座郡
武蔵	小野神社 氷川神社	東京都多摩市 埼玉県さいたま市
安房	安房神社	千葉県館山市
上総	玉前神社	千葉県長生郡
下総	香取神宮	千葉県香取市
常陸	鹿島神宮	茨城県鹿嶋市
東山道		
近江	建部大社	滋賀県大津市
美濃	南宮大社	岐阜県不破郡
飛騨	飛騨一宮水無神社	岐阜県高山市
信濃	諏訪大社	長野県諏訪市
上野	一之宮貫前神社	群馬県富岡市
下野	二荒山神社	栃木県宇都宮市 栃木県日光市
陸奥	鹽竈神社 都都古別神社	宮城県塩竈市 福島県東白川郡
出羽	鳥海山大物忌神社	山形県飽海郡
北陸道		
若狭	若狭彦神社（上社）	福井県小浜市
越前	気比神社	福井県敦賀市
加賀	白山比咩神社	石川県白山市
能登	気多神社	石川県羽咋市
越中	射水神社 高瀬神社 気多神社 雄山神社	富山県高岡市 富山県南砺市 富山県高岡市 富山県中新川郡
越後	弥彦神社 居多神社	新潟県西蒲原郡 新潟県上越市
佐渡	度津神社	新潟県佐渡市
山陰道		
丹波	出雲大神宮	京都府亀岡市
丹後	籠神社	京都府宮津市
但馬	出石神社	兵庫県豊岡市
因幡	宇倍神社	鳥取県鳥取市
伯耆	倭文神社	鳥取県東伯郡
出雲	出雲大社	島根県出雲市
石見	物部神社	島根県太田市
隠岐	水若酢神社 由良比女神社	島根県隠岐郡 島根県隠岐郡
山陽道		
播磨	伊和神社	兵庫県宍粟市
美作	中山神社	岡山県津山市
備前	吉備津彦神社	岡山県岡山市
備中	吉備津神社	岡山県岡山市
備後	吉備津神社	広島県福山市
安芸	厳島神社	広島県廿日市市
周防	玉祖神社	山口県防府市
長門	住吉神社	山口県下関市
南海道		
紀伊	日前神宮･国懸神宮	和歌山県和歌山市
淡路	伊弉諾神宮	兵庫県淡路市
阿波	一宮神社 大麻比古神社	徳島県徳島市 徳島県鳴門市
讃岐	田村神社	香川県高松市
伊予	大山祇神社	愛媛県今治市
土佐	土佐神社	高知県高知市
西海道		
筑前	筥崎宮	福岡県福岡市
筑後	高良神社	福岡県久留米市
豊前	宇佐神宮	大分県宇佐市
豊後	柞原八幡宮 西寒多神社	大分県大分市 大分県大分市
肥前	千栗八幡宮 與止日女神社	佐賀県三養基郡 佐賀県佐賀市
肥後	阿蘇神社	熊本県阿蘇市
日向	都農神社	宮崎県児湯郡
大隅	鹿児島神宮	鹿児島県霧島市
薩摩	枚聞神社 新田神社	鹿児島県指宿市 鹿児島県薩摩川内市
壱岐	天手長男神社	長崎県壱岐市
対馬	海神神社	長崎県対馬市

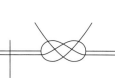

神社は一人で訪れ、歩いて心を整える

ここからは、正しい神社参拝の方法をお伝えしていきます。

神社参拝をするなら、いつ訪れるのがベストだと思いますか。

神社はもともと太陽信仰が発祥ですので、太陽のパワーを存分に活用できる時間帯に参拝することが望ましいです。

理想は、日の出から正午までの午前中。陽のエネルギーを追い風にしましょう。


神社参拝で大切なのは、穢《けが》れを落として訪れることです。

人は生活をしていると、どうしても夕方くらいには穢れが溜まってしまいます。

また神社という場所も、時間が経《た》つほど穢れが沈澱していきます。

清らかな空気の中、穢れの溜まっていない状態でお参りするなら、やはり日の出から午前中に訪れるのがベストです。

正午以降は、陰のエネルギーの時間帯。午前と比べると、パワーが弱まってしまいます。

服装は、目上の人に会う格好で

神社参拝にNGな日は原則、ありません。行くタイミングでない場合は、神社が教えてくれます。

例えば、神社に行こうとしているのに電車が止まってしまったとか、家に忘れ物をしたとか、道中でケガをしたとか……。

なぜか足止めされる日は、「今日は来なくていい」という神様からのメッセージだと思って、日を改めましょう。

時間帯の次に気をつけなくてはならないのが、参拝時の服装です。

インターネットなどで調べると、さまざまなNG項目や決まりにあふれているようですが、実は「これを着なくてはいけない」とか「これを着てはいけない」といった絶対的なルールはありません。

とはいえ、服装の目安はあります。

考え方としては、あなたが目上の人に会うときの格好で訪れましょう。目上の人と会うシーンで、過度に肌を露出した服装やだらしない服装はしませんよね。神様を訪問するわけですから、同じ感覚で失礼のない服装であればOKです。

帽子やサングラスも、参拝時には外すのがベターです。これはマナーというよりも、神様にあなたを認識してもらうための配慮です。

誰が参拝に訪れたのか、どんな誓いを立てたのかを、神様にしっかりと認識してもらうために、自分の顔を神様に見ていただくのです。

神社参拝、ここ一番の祈りは一人で訪れよう

神社は、なるべく一人で訪れましょう。

複数人で訪れると、どうしても会話に夢中になって、神様に会うまでに気持ちを整えることができません。同伴者に気を取られて、神様と正対できないのです。

またSNSに投稿するための記念撮影など、本来の目的とズレた行動もオススメしません。

大切なのは、心静かに自分のあり方を見つめ、穏やかな気持ちで神様と自分が対話すること。

開運を目指すなら、SNSでの〝映《ば》え〟を求めるのでなく、神様としっかり向き合い、自分の心を整える時間を大切にしましょう。

毎回一人で訪れるべきだとは言いませんが、自分にとって大切なときほど、一人で参拝するようにしましょう。

大切なペットも、参拝の間は留守番してもらうか、キャリーの中に入ってもらうようにしましょう。

時々、犬などの動物を祀った神社もありますが、それ以外では避けるのがベターです。

神道では犬や猫といった四足獣《よつあしのけもの》は穢れを呼び込むものとして境内へ入ることを禁じているからです。

重要な神社参拝なら一の鳥居から歩く

神社に到着したら、一の鳥居から入るようにしてください。

大きな神社の場合、一の鳥居の奥に駐車場があったり、一の鳥居をショートカットできる側道があったりします。

場合によってはクルマで鳥居の中まで入れる神社もありますが、あまりオススメできません。クルマで来た場合でも、一度歩いて神社の外に出て、一の鳥居から入り直すのがベターです。

ここ一番という特別な祈願をするときは、一の鳥居から入るのがベスト。

一の鳥居、二の鳥居、三の鳥居と、時間をかけて順番に鳥居をくぐっていく。

その間に、一人で自分と対話しながら、自然を感じつつ、ゆっくりと歩くことで、神様と向き合う心の準備が整ってきます。

鳥居は、普段の生活の場と神様の世界を区切る結界の役目を果たしています。目上の人の家を訪問する時と同じように、一礼をして入ることも重要です。

また、鳥居をまたぐときは左足から入るようにしてください。

参道は中央を歩いてはいけない

参道の中央は、神様の通り道。私たちが歩く道ではありません。

参拝者は、参道の左右どちらかを通りましょう。境内に向かって手水舎《てみずや》が左側にあれば左側通行、右側にあれば右側通行とされています。

神社は神聖な場所です。そのため、昔は参拝前に、近くの川や湧き水で体を清めていました。禊《みそぎ》を行った後、清らかになった姿で参拝していたのです。

しかし時代が変化するにつれて、正式な禊を行うことが難しくなり、それに代わるものとして生まれたのが手水舎です。

本来の目的を意識して、手水舎で身を清めましょう。

最近ではコロナ禍の影響で手水舎の使用を制限している神社も増えています。

そこは、各神社のルールに従ってください。

もともと手水舎は、時代に変化に合わせて誕生したものですから、これからの時代には、手水舎の代わりに、持参したペットボトルや水筒などの水で穢れを流したり、ウエットティッシュやアルコール消毒で手を清めたりしても問題ありません。

形式にとらわれず、時代に合った方法で、自分の体と心を清めていきましょう。

お賽銭のベストは16円

いよいよ参拝です。

賽銭《さいせん》箱の前に立ったら、まずは大きな鈴の「大坪鈴《おおつぼすず》」を鳴らしましょう。

これは神様に、あなたが訪れたことを知らせるための合図です。

鈴を3回、大きく鳴らすといいでしょう。数字の3は、数秘術では「完成」「自分自身をきちんと正す」という意味があります。


次に、お賽銭を入れます。

お賽銭は「16円」をオススメしています。

「たったそれだけ？」と不安になる人もいるかもしれません。

風水の世界では、陰陽のバランスを整えることが何よりも大事だと、お伝えしてきました。

陽のエネルギーを持つ奇数の一円玉と、陰のエネルギーを持つ偶数の十円玉。

そして、真ん中に円を持ち陰と陽、両方のエネルギーを持つ五円玉。

この3つの硬貨で構成されるバランスは最高です。基本の金額としてぜひ覚えておいてください。

もし、あまりにも金額が小さすぎて不安に感じるなら、「16円」でなくても、陽のエネルギーを持つ一円玉と、陰のエネルギーを持つ百円玉、さらには両方のエネルギーを持つ五十円玉を使って、「151円」でも構いません。

大金を投じればご利益が大きいというわけではありませんが、お賽銭の金額は、自分に対する宣言や覚悟のようなものでもあります。

そのため私は、ここぞというときには千円札と16円や、五千円札と16円、といった具合にお賽銭を選択しています。

お賽銭のためにわざわざ新札を準備する必要はありませんが、これも気持ちの問題。くしゃくしゃのお札を賽銭箱に投げ入れるのが「失礼かな」と感じるなら、きれいなお札を用意した方が、気持ち良くお参りできるでしょう。

電子マネーのお賽銭でも大丈夫

最近では電子マネーによるお賽銭を受け付ける神社も少しずつ登場しています。近い将来には、「キャッシュレス賽銭」が当たり前になるかもしれませんね。**参拝方法は時代に応じて変化していきます。ですから、お賽銭が硬貨から電子マネーに変わったところで、大きな問題はありません。**

小銭で16円がピッタリないときでも、電子マネーを選択できるなら便利ですよね。

お賽銭は投げつけてはいけませんが、硬貨を入れるなら、「チャリン」と音を立てる方が良いです。

お札を入れる場合でも、小銭を合わせて入れて、音を立てるようにしましょう。

チャリンという音も、鈴の音と同じように、「参拝に来ました」という合図になります。神様に、自分の方を向いてもらうために音を鳴らすんだと意識してください。

お賽銭の「賽」の字には、「神様や仏様からの恩恵に対してお供えで感謝を示す」という意味があります。神仏への祈願成就のお礼の気持ちを込めながら投げ入れてください。

神様には「願う」のではなく「誓う」こと

鈴の音とお賽銭で神様に合図をしたら、いよいよお参りの時間です。

まずは心の中で、神様に対して自己紹介をしてください。

名前を名乗り、どこから来たのかをお伝えするのです。

「私は〇〇〇〇と申します。東京都港区から来ました」

こう、心の中で言いましょう。

それから二礼二拍手一礼をする。

これは基本的な参拝の作法としてご存知でしょう。

ここでいよいよ、願い事ができると思った人も多いでしょう。

「神頼み」という言葉があるくらいですから、これまでもたくさんの人が神様に頼み事をしてきました。

しかし残念ながら、これはあまりよろしくないスタイルです。

神様に頼って願い事を叶えるという人任せの姿勢では、運は拓けません。

神様に願い事を叶えてもらうのではなく、神様には誓いを立てるのです。

自分が今、何を成し遂げたいのかを神様の前で誓い、神様には誓いの証人になっていただくこと。

それが、本来の神社参拝のスタイルです。

「給料が上がりますように」とお願いするのではなく、「半年以内に転職して年収を上げます」と誓うのです。

神様の前で誓うことで、行動が変わり、結果として願いが叶いやすくなる。

誓うことで運を拓いていくのが、大切なポイントです。

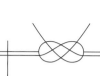

絵馬は願いによって書き方を変える

最近では御朱印を集めることがブームとなっています。

御朱印とは、神社に参拝した証しであり、神様とのご縁の記録でもあります。もとはお寺で納経した証しの納経帳が発端でしたが、それが神社の世界にも広がっていったようです。

神様や仏様の名前が書かれてあり、神様を身近に感じることもできます。

縁結びで有名な出雲大社や、五行説の五芒星がシンボルとなっている京都の晴明神社など、御朱印ブームに伴って人気になった御朱印帳も誕生しました。

御朱印帳は神社との出合いの記録。

気になったものや元気になれるものを見つけたら手に取って、増やしていくのもオススメです。

おみくじは凶でも落ち込まなくていい

御朱印帳のほかにも、神社参拝をもっと楽しみ、運気を開くポイントがいくつかあります。

例えばおみくじ。運試しや神様のメッセージをより具体的に知りたいという理由で、おみくじを引くのを楽しみにしている人も多いのではないでしょうか。

おみくじの由来となる「籤《くじ》」は、古来、国政や祭事などを決めるときに引いていた籤のこと。昔の日本では籤の結果から神様のお告げを知り、重要な決断を下していました。これが転じて、個人の運勢や吉凶を占うために用いられるようになったのです。

おみくじは、定まった運命を教えるものではありません。神様とつながった瞬間のあなたの心のありようが表れます。

ですから、もし芳しくない結果が出たとしても、神様を恨むのはお門違い。む

しろ、おみくじに書かれたメッセージを謙虚に受け止めましょう。

「小吉と吉、どちらの方が良いのですか」といった質問もよく受けます。
神社本庁などが案内しているおみくじの順番は次の通りです。

大吉 ＞ 吉 ＞ 中吉 ＞ 小吉 ＞ 末吉 ＞ 凶 ＞ 大凶

ただ、いくつかの神社はさらに細かく、次のような順番になっています。

大吉 ＞ 中吉 ＞ 小吉 ＞ 吉 ＞ 半吉 ＞ 末吉 ＞ 末小吉 ＞ 凶 ＞ 小凶 ＞ 半凶 ＞ 末凶 ＞ 大凶

仮に凶や大凶が出ても落ち込まないこと。
現在の自分の状態を知れば、必要な対策を取ることができます。
おみくじの結果は、あなたの運命を左右するものではなく、あくまでも神様からのメッセージ。出てきた内容に右往左往せず、うまく活用していきましょう。

引いたおみくじは、神社に結んでも、持って帰っても構いません。持って帰った場合は大切に保管して、一年経つとお払い箱に戻すようにしましょう。

お守りやお札はいくつ持っても大丈夫
神様同士が喧嘩することはない

いろいろな神社を訪れるたびにお守りやお札を買う人もいます。

さまざまな神社のお守りやお札を持つことが、神様に失礼なのではないかと心配する声もあります。

いろんな神社のお守りやお札を持つと、神様同士が喧嘩する――。

そんな言葉を一度は、聞いたことのある人もいるでしょう。

しかし、これはまったくの誤解です。

神様は、そんなことで喧嘩をするほど器の小さな存在ではありません。ですか

ら安心して、好きなだけお守りやお札を持っても大丈夫です。

日常的に持ち運ぶ鞄《かばん》などにつけるお守りに比べて、お札は家族の安全や無病息災、家の隆盛や家業の繁栄、五穀豊穣、豊漁などを祈願して家の中に飾るものです。オフィスや工場、車内に祀ることもあります。

お札をどこに置けば良いのかと、取り扱いに戸惑う人も多いようです。

お札は、部屋の西か北に飾り、お札の正面が東か南を向くようにしましょう。ただし、いくら方角がぴったりだからといって、トイレやお風呂、もしくは散らかった空間など、不浄な場所に飾るのはいただけません。

できれば、リビングや仕事部屋など、日常的に目にする場所に飾りましょう。

お札の種類は、私たち日本人の総氏神様である天照大神様と、あなたの家の氏神様、そしてお気に入りの神社など、3枚くらいがちょうどいいでしょう。

増える分には問題ありませんが、天照大神様や氏神様を忘れてはいけません。

お札は何年も同じものを貼りっぱなしにしないこと。

通常は一年に一度、新しいものに替えるようにしてください。新しいお札に替える時期は、誕生日でも新年でも、いつでも構いません。

二十四節気の中で、特にパワーの強い「立春」も、オススメのタイミングです。

古いお札を戻すのは、それを手に入れた神社でもそれ以外の神社でも構いません。もし破魔矢《はまや》なども持っているなら、併せて返納しておきましょう。

絵馬は願いによって縦書きと横書きを使い分ける

神社を訪れた、参拝後に絵馬を納める人もいらっしゃいます。

古来、神事には生きた馬を奉納していました。それが馬の形の土偶や木の馬となり、絵に馬を描いたものに変化したのが絵馬です。

受験やスポーツの必勝祈願や、恋愛成就や結婚成就、商売繁盛や家内安全など、いろいろな願い事を書くのが一般的です。

ここでも願い事を書くのではなく、神様に立てる誓いを書くように意識してください。

「○○大学に合格しますように」ではなく、「○○大学に合格します」と宣言すること。

「良縁に恵まれますように」ではなく、「良縁に恵まれて幸せな家庭をつくります」と言い切ること。

鈴を鳴らし、神様の前で誓ったことを絵馬にも書くのです。

ポイントは、目標に合わせて横書きと縦書きを使い分けることです。

心理学では、横書きの文字列をずっと見ていると気持ちが安定するといわれています。対して縦書きはアグレッシブな印象があります。

恋愛成就や家内安全など、安心感を求める誓いは横書きに。

大学合格や転職の成功、商売繁盛や試合に勝つといった攻めの誓いは、縦書きで書くのがベストです。

これまでは、神様に認識してもらうため、絵馬に実名や住所を書いていました。

しかし、これは個人情報の観点から危険です。住所は都道府県くらいでも構いません。名前も実名がはばかられるなら、イニシャルやニックネームでも大丈夫ですので、ご安心ください。

願いが叶ったら、感謝の絵馬を納めることも忘れずに。

「希望の大学に合格できました、ありがとうございました」

「無事に希望通りの会社に転職できました」

このように、しっかりとお礼を書いた絵馬を納めましょう。

余談ですが、神社で使ったお金についても領収書を発行していただけます。ご祈祷やお守り、お札でも問題ありません。

経営者が自社の発展を祈念する場合は、経費として計上することもできるので覚えておくといいでしょう。

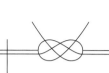

神棚のルールは気にしすぎないでOK

神棚は、家にある小さな神社。

氏神様にお参りに行けない日でも、神棚に手を合わせることで感謝の気持ちが生まれてきます。小さくても構いませんので、自宅に神棚を設けて、神様への感謝を日課にしてはいかがでしょうか。


神棚には、神社でもらったお札を掲げます。お札を並べるなら、優先順位を意識しましょう。向かって中央が最上位となり、次が向かって右側、その次が向かって左側という順番になります。

全国8万社の神社を包括する組織である神社本庁によると、神棚の中央には日本人の総氏神様である天照大神様のお札を、向かって右側には地元の氏神様のお札を、向かって左側には好きな神社や特別な信仰などによって崇敬している神社のお札を納めるといい、としています。

さまざまな神社を訪れてお札をたくさん持っている場合には、向かって左のお札の後ろに重ねて置くのがベストです。

お札の両側には国産の丸い葉の榊《さかき》を飾りましょう。榊は月に2度、1日と15日に取り替えます。

神棚は、太陽の昇る東向きか、太陽が輝く南に向けて飾るというルールがありますが、必須ではありません。

ほかにも神棚に米や酒、塩を置くなど、細かなルールがたくさんあります。

自宅で神棚を維持するのは少し大変です。それでも維持ができる人は、神棚でお参りする習慣をつけてみてください。

郵便はがき

料金受取人払郵便

渋谷局承認

6974

差出有効期間
2024年12月
31日まで
※切手を貼らずに
お出しください

150-8790

130

〈受取人〉
東京都渋谷区
神宮前 6-12-17
株式会社ダイヤモンド社
「愛読者係」行

フリガナ		生年月日		男・女
お名前		T S H 年 月 日生	年齢 歳	
ご勤務先 学校名		所属・役職 学部・学年		
ご住所（自宅・勤務先）	〒 ●電話 （ ） ●FAX （ ） ●eメール・アドレス （ ）			

◆本書をご購入いただきまして、誠にありがとうございます。

本ハガキで取得させていただきますお客様の個人情報は、以下のガイドラインに基づいて、厳重に取り扱います。

1, お客様より収集させていただいた個人情報は、より良い出版物、製品、サービスをつくるために編集の参考にさせていただきます。
2, お客様より収集させていただいた個人情報は、厳重に管理いたします。
3, お客様より収集させていただいた個人情報は、お客様の承諾を得た範囲を超えて使用いたしません。
4, お客様より収集させていただいた個人情報は、お客様の許可なく当社、当社関連会社以外の第三者に開示することはありません。
5, お客様から収集させていただいた情報を統計化した情報（購読者の平均年齢など）を第三者に開示することがあります。
6, お客様から収集させていただいた個人情報は、当社の新商品・サービス等のご案内に利用させていただきます。
7, メールによる情報、雑誌・書籍・サービスのご案内などは、お客様のご要請があればすみやかに中止いたします。

◆ダイヤモンド社より、弊社および関連会社・広告主からのご案内を送付することがあります。不要の場合は右の□に×をしてください。 不要 □

①本書をお買い上げいただいた理由は？
（新聞や雑誌で知って・タイトルにひかれて・著者や内容に興味がある　など）

②本書についての感想、ご意見などをお聞かせください
（よかったところ、悪かったところ・タイトル・著者・カバーデザイン・価格　など）

③本書のなかで一番よかったところ、心に残ったひと言など

④最近読んで、よかった本・雑誌・記事・HPなどを教えてください

⑤「こんな本があったら絶対に買う」というものがありましたら（解決したい悩みや、解消したい問題など）

⑥あなたのご意見・ご感想を、広告などの書籍のPRに使用してもよろしいですか？

1　実名で可　　2　匿名で可　　3　不可

※ご協力ありがとうございました。

コンパクトにアレンジした神棚でも大丈夫

昔ながらの立派な神棚を現代の住宅で再現しようとしても、難しい家も多いはずです。**現代流にコンパクトにアレンジした神棚でもまったく問題ありません。**

例えば本棚の上や天棚などを活用してみてください。オープンスペースでも、扉の中でも構いません。唯一、ドアの上やふすま、鴨居の上は、避けるようにしてください。

基本はお札を立てかけ、小さな白い器に、左から「酒」「米」「塩」の順で並べていきます。気づいたときで良いので、時々、交換しましょう。

手入れの手間が難しいと感じたら、お札を立てかけるだけでも大丈夫です。

注意すべきなのは、神様を見下してしまわないよう、目線より高い位置に置くということです。

神棚を作るタイミングは、新居に住み始める日や節入りの日がベストです。

細かいルールを紹介していますが、これからの時代の神棚は、基本的に「神様が身近にいる」と思うことができれば、それで十分です。

細かな作法を気にするよりも、心を込めて神様を祀る方がずっと大切です。

理想的なルールはありますが、可能な範囲内で試してみてください。

細かな部分までルール通りにできていないといって、神様は怒ったり、バチを与えたりはしませんので、ご安心ください。

神社参拝の新常識を知ることで、きっとあなたが神様とつながれる時間は増えるでしょう。

神社には、すばらしいパワーがあります。

特別な日しか神社に参拝しないなんてもったいない。

日頃から気軽に神社を訪れ、神様に感謝を伝えたり、誓いを立てたりしてみましょう。そんな姿勢が、あなたの運気をどんどん高めます。

第3章まとめ

神社参拝の新常識

- 大切にすべき神社は氏神様と産土神様
- お賽銭は16円がベスト。電子マネーでもOK
- 神様には「願う」のではなく「誓う」
- 絵馬は願い事によって書き方を変える
- お札やお守りはいくつ持っても大丈夫

第 4 章

厄除けの新常識

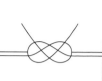

もう、厄年に怯える必要はない

開運とは、切っても切り離すことのできない「厄」。

厄という考え方は、日本人の心に根づいた考え方です。

端午の節句（こどもの日）や七五三は、子供の厄除《よ》けの儀式ですし、大人になっても定期的に厄年が訪れます。みなさま、厄年になると神社で厄祓いのご祈祷などをしますよね。

目には見えず、実態もぼんやりとしている。にもかかわらず、私たちは厄を恐れながら暮らしています。

そもそも、厄とは一体、何なのでしょうか。

漢字を見ると、厄とは災難や苦しみ、災いを指します。

古来、日本人は災害や病といった厄は、神様の怒りによるものだと恐れていました。

厄祓いの儀式は、実に1000年以上前の平安時代から行われていたようです。

厄祓いと聞くと、神社で行う儀式を想像する人が多いはず。

しかし、私たちの生活のさまざまなところに厄祓いの儀式が入り込んでいます。

例えば、2月の節分。「鬼は外、福は内」と豆をまくことも、鬼を追い払う厄祓いの風習です。

日本には、それぞれの土地で脈々と続く、独自の厄祓いの行事が数多く残っています。

厄祓いは、開運を目指すにはとても大切な行為です。

ただ、むやみやたらと厄に怯えて、行動を制限するのはもったいない。

厄を恐れるだけでなく、しっかりと対策を練るのが、これからの時代の厄祓い。

厄の意味を理解し、現代のライフスタイルに合った厄除けを実践しましょう。

地域によって異なる厄年の考え方

日本で誰もが意識する厄といえば、「厄年」でしょう。

本厄は、男性が数え年で25歳、42歳、61歳、女性が19歳、33歳、37歳といわれ、その前後の年は前厄と後厄とされています。

女性の場合は30代の10年間のうち、実に6年間が前厄や本厄、後厄に当たる計算です。

さらに男性の42歳と女性の33歳は「大厄」と呼ばれ、凶事や災難に出くわす確率が非常に高く、十分な警戒が必要だといわれてきました。

働き盛りの年齢に大厄といわれると、戦々恐々としてしまいます。

普段、開運や風水、神社参拝などをあまり意識しない人であっても、厄年だけは気にしていたりしますよね。

私たちの暮らしに密接に関わる厄年なのですが、実はどのような経緯で始まった風習なのかは、明らかになっていません。

しかも、数え年ではなく満年齢を使う川崎大師など、厄年に当てはまる年齢も、地域によって異なっています。

ルールそのものもファジーな部分が多い民間信仰が、厄年なのです。

人生100年時代に突入
厄年の概念は変わる？

厄年の年齢は、男性・女性ともライフステージの転換期にさしかかります。特に大厄となる男性の42歳や女性の33歳は、子供を産み育てる中で、体力が衰え、体に不調が出やすい年齢でもあります。

体に大きな変化が起こりやすいので、注意を促す目的で厄年という概念が生まれたのではないか、ともいわれています。

厄年というのは、古くから日本に伝わる生活の知恵でもあるわけです。

今では時代が変わり、人々のライフスタイルも大きく変わりました。

わずか70年前まで、日本人の平均寿命は60歳程度でしたが、現在の日本人の平均寿命は男女ともに80歳を超えています。

まさに人生100年時代。

結婚や出産といったライフイベントの年齢や、働き続ける年数も変わってきています。

これまでの常識が通用しなくなっている中で、平安時代に生まれた厄年の考え方を見直しても良いのではないでしょうか。

厄年は、何か悪いことが起こる年ではありません。あくまで、あなたに体の定期検診を促す注意報だと理解して、厄年の認識をアップデートしましょう。

厄年に怯えるのではなく
厄による注意を受け止める

日本で長く続いてきた厄年の考え方とは別に、九星気学には、9年周期の厄年という考え方があります。

私たちは毎年、一白水星から九紫火星まで、9年ごとに九星を巡っています。自分が九星のうちの何なのかは、生まれた年によって決まっています。自分の星の巡りが、「北、寒い、真冬、体が冷える、孤独、水浸し」などの意味のある「一白水星」に当たる場所に移動した年を厄年とするのが、九星気学の考え方です。

人によって厄年に当たる年齢は異なりますが、男女差はありません。

九星気学の厄年も、決して怯えるものではありません。

厄年だからといって不幸になるわけではありません。厄年は自分が今、どの季節にいるのかを知る方法のようなもの。

あなたの星が一白水星の場所に入った年は、「アクセルを踏みすぎず、休養を大切に。じっくりと考えてから決断を下しましょう」と星が教えてくれている、と受け止めましょう。学びには最適な一年とされています。

自分の運気の現在地を知ることができれば、的確な対策を取ることができます。そう考えると、厄年を不運な一年だと憂う気持ちにはならないでしょう。

これまでは、多くの人が厄に怯えて行動を制限してきました。

それはもう古い考え方です。

厄を知り、厄年に合わせたアクションを起こしていけば、厄年だからといって不幸なことが起きるわけではありません。

厄を恐れず、厄を快活に乗りこなしましょう。

丸2年の厄の期間をどう過ごす？

厄年の前後には、前厄と後厄があります。本厄と合わせれば、合計3年もの間、厄がついて回るわけです。そう考えると、ちょっと絶望的な気分になりますよね。

九星気学の厄年にも、前厄と後厄が存在するのですが、そちらは日本の風習でいわれてきた厄年のように長くはありません。

九星気学の前厄は、本厄の前年の夏至から翌年の節分前までのおよそ7カ月。

本厄は、その年の立春から1年間続きます。

本厄が終わった後に訪れる後厄は、本厄が明けた年の立春から夏至までのおよその5カ月を指します。

つまり前厄、本厄、後厄とトータルでおよそ丸2年。合計3年と考えるよりも、1年ほど短くなるので、気持ちがラクになりますよね。

前厄は、あなたの九星が、昼夜灼熱の太陽が照りつける九紫火星に入った年を指します。

九紫火星の暑さの影響を受け、頭に血が上ってカーっとしたり、イライラしやすくなります。ストレスが溜まりやすい時期なので、考えすぎて知恵熱を起こしたりもします。病気よりも、やけどや熱中症など、熱にまつわる症状に注意が必要なのが前厄の7カ月です。

後厄は、あなたの星が二黒土星に入る年。仕事のトラブルに注意したい5カ月になります。

あなたの星回りごとに、厄年に当たったタイミングで注意すべきポイントがありますので、次のページの表をご確認ください。

■厄年のときに出やすくなる九星別の欠点

一白水星	厄年のときには、染まりやすい性質が表れやすくなります。厄年では誰もが穢れを引き寄せやすくなるので、染まらないように注意しましょう
二黒土星	普段は細やかな気遣いができるのに、厄年になると、いつものように気が利かず、人間関係のトラブルや不和が起こりやすくなります
三碧木星	普段は向上心が非常に高いのですが、厄年になると、好奇心ややる気を失い、飽きっぽさが出てしまいます
四緑木星	厄年になると、優柔不断な面が出てきます。悩まなくていいことに悩み、迷走します。ストレスが溜まりやすい一年になります
五黄土星	厄年になると、横暴や一匹狼気質などの面が出て、さまざまなトラブルに遭う可能性があります
六白金星	厄年には、プライドの高さや意見を曲げない融通の利かなさが目立つようになり、周りの人から敬遠されてしまうので注意しましょう
七赤金星	厄年で注意をしたいのは恋愛トラブル。イライラする場面が増え、人付き合いが急に面倒に感じるようになるかもしれません
八白土星	厄年になると、頑固さや人見知りの面が顔を出し、人に誤解を与えてしまうかもしれません。いい加減な態度も目立つように
九紫火星	厄年になると、何事にも興味を持てず、直感が働かなくなるため、思うように物事が運ばず、いら立ちを覚えるかもしれません

九星気学では、厄年も教えてくれますが、同じように運気の高まる年も予報してくれます。

例えば、あなたの九星が三碧木星の位置に入れば、さまざまなことが勢いづきますし、七赤金星の位置に入った年は金運に恵まれ、楽しいことが連続します。過ごし方に注意する厄年だけでなく、発展や飛躍の年を予測できるのは、うれしいことですよね。

厄年のときには流れに逆らうことなく内観し、運気が高まる年のために準備する。そんなメリハリをつけられるようになると、きっとあなたの人生は豊かになるでしょう。

厄除け大師よりも効く地元の氏神様

厄年は恐れる必要がないとはいえ、何か対策を打ちたいというのが人間心理。であれば、神社やお寺で厄祓いをしてもらいましょう。

厄祓いで大切にしたいのはタイミングです。

最も効果があるとされているのは、前厄に入る夏至のタイミング。

一年で最も陽のエネルギーが満ちている夏至は、神社の気も高まっています。

この日に、神社の本殿に上がって正式参拝をして厄を祓い、神様に災難から守っていただきましょう。

この日に正式参拝をすると、守りの効果が最も高まります。

厄祓いというと、つい有名な神社に訪れたくなります。

しかし、厄除けで有名な神社でご祈祷を受けるよりも、あなたが今、住んでいる土地の氏神様や、生まれた土地の守り神である産土神様が祀られている神社で厄祓いをしてもらった方が効果的です。

氏神様や産土神様ではなくても、あなたの気持ちがワクワクしたり、ときめいたりするフィーリングの合う神社があれば、そこでも構いません。

氏神様や産土神様は、各都道府県の神社本庁に電話し、住んでいる住所や生まれた土地の住所を伝えると簡単に教えてくれます。

神社とお寺、どちらでお祓いすべきかと聞かれることもありますが、これはどちらでも構いません。

アプローチが違うだけで、どちらにも等しく厄祓いの効果があります。

お寺は宗派や檀家などで限定される場合もありますから、注意しましょう。

前厄は不要なものを手放して身辺を整理しよう

前厄に入る夏至のタイミングでお祓いができなかった場合には、夏至のおよそ1週間後となる6月末に、神社が実施している「夏越《なごし》の祓え」という神事に参加してみましょう。

「茅《ち》の輪」という大きな輪を左回り→右回り→左回りの順で3回続けてくぐることで、穢れを祓うことができます。

「人形《ひとがた》」と呼ばれる、人の形をした紙を川に流したり、かがり火で燃やしたりして厄を祓うケースもあります。

この人形は自分の身代わりを意味しており、普段から不調を感じている部分をなでることで、人形に穢れを移すとされています。

この夏越の祓えは、その年の後半の無病息災を祈願するものですので、厄年にかかわらず、ぜひ参加してください。

九紫火星の影響を受ける前厄の時期は、不要なものは捨て去るのが開運のカギ。穢れを祓うだけでなく、断捨離やデトックスを実践して、運気を上げましょう。日常的に運動やサウナなどで汗を流して、体を浄化してもいいでしょう。これだけ実践すれば、厄年の厄祓いは完璧です。

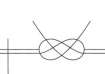

厄落としには「塩」「赤」「麻」「睡眠」

厄年でなくても、日常牛活で小さな厄は溜まってしまうもの。日々、自分でこまめに厄落としをして、開運体質を目指しましょう。といっても、何も風水で使われてきた八角形の鏡など、厄除けのアイテムをわざわざ買い足す必要はありません。

しつこいようですが、モノ頼みの開運術はもう終わり。これからの時代の厄祓いは、もっとシンプルで温かいものです。

不幸から逃れるための厄落としではなく、幸運を引き寄せるための厄落としを、毎日の生活の中に取り入れていきましょう。

ちょっとした動作で厄は祓える

一瞬でできる厄祓いとして私がオススメしているのは、右手で左の肩を払うことです。

家の外には、人の念や邪気といった穢れがたくさんあります。満員電車や人でにぎわう商業施設などで、少しずつ厄を受け取っているわけです。

ですから、自宅に戻ってきたら、玄関に入る前に肩を払って厄を落としましょう。

小さな穢れやイライラを払い落とすイメージで、右手で左肩を3回払うだけで構いません。

ちりも積もれば山となるように、厄も日々、積もっています。

「なぜか冴《さ》えない」「最近、流れが悪い」と感じたら、それは厄が溜まっていることが原因かもしれません。

日常的な厄が積もると、今度は神社で厄祓いをするなど、大きな力を借りる必要があります。

神社で祓ってもらう前に、日常的に細かく厄を祓っていきましょう。

「塩」「赤」「麻」「睡眠」の力で厄除けしよう

厄祓いには数多くの方法がありますが、本書では、日常で簡単に取り入れられる厄祓いを紹介します。

日常で多くの人が実践している厄祓いといえば、盛り塩や塩まきなどではないでしょうか。

塩をまくという行為は、ドラマや漫画だと「二度と来るな」という意思表示として表現されたりもします。そこから厄祓いのイメージが浸透していきました。

塩は、海と太陽の力によって作られる極めて陽のエネルギーの高い食品です。

この塩の力を利用して、それを体にまくことで穢れを清める習慣が長く定着してきました。

葬儀に参列した際、「清めの塩」を渡される地域があるのも、そのためです。

場を清めるなど、バリアを張って厄を寄せつけないのが塩の効果です。

人混みなどで少し疲れた日には、塩風呂につかって全身を清めるのもオススメです。ただ、塩の力では残念ながら、一度ついてしまった厄を祓うことができません。

塩よりもさらに強い厄除け効果があるのが、赤色の力です。

赤は太陽や血といった生命力を表す色で、穢れを祓う強い力があります。神社の鳥居が赤いのも魔除けのためです。

この赤のエネルギーを身にまとうことで、あなたに降りかかる災難や困難を避けることができます。

実際、私は相手がどんな人なのか分からない初対面のシーンでは、赤のアクセサリーや赤の小物を身につけるようにしています。

直接肌に触れる赤い下着も効果抜群です。

スマホの壁紙（待ち受け画面）に赤色のエネルギーを生かすことも、とても簡単な厄祓いです。

赤色の力で厄を寄せつけないようにしましょう。

麻の素材を身につけることも厄祓いになります。

麻はまっすぐに伸びるので、その昔、神様は麻をつたって天上界から降りてきたといわれています。

実際、麻は伊勢神宮のしめ縄など、神社の至るところで使われており、穢れや厄を祓ってくれています。

本書の第2章「風水の新常識」の項目でも、睡眠中には体から穢れや邪気が出るので、それが跳ね返ってこないよう、麻のパジャマやシーツを使うことをオススメしています。

眠ることも、体についた穢れや負のエネルギーを祓う大切な厄落としです。

1日の中で最も陰のエネルギーに満ちる子の刻（夜23～深夜1時）までに寝ることで、厄を祓うことができます。

厄年の間は特に眠気を感じやすくなります。

これは、ゆっくりと休むべしという体からのメッセージ。厄年の睡眠負債は、その後に悪影響を及ぼしますから、厄年のときは普段以上にしっかりと眠ることを心がけてください。

たっぷりと眠って朝目覚めると、夜の間に充満した穢れを祓うために寝室の空気を入れ替えましょう。

窓を全開にして夜に放出された古い気を外に出しつつ、太陽の持つ陽のエネルギーを部屋の中に送り込みましょう。

なお、直接肌に触れるものは、陰の季節が終わる冬至に一新することで、厄をリセットすることができます。

使い古した下着やパジャマは、このタイミングで新しいものに切り替えていきましょう。

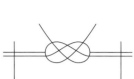

五感からのアプローチで厄を落とす

五感を活用して厄祓いをする方法も有効です。
大きな威力を発揮するのが音を使った厄除けです。

音楽は、もともと神様の祈りの儀式のために作られたものです。それくらい、その場の気を浄化するパワーを持ち、穢れを祓う効果があるのです。

日頃の生活の中でも、何となく空気や気分がどんよりしていて、妙にやる気が出ないことがありますよね。

そんなときには美しい音楽を部屋に流してみてください。

それだけで気が変わり、場が清らかになっていきます。モチベーションもあっという間に上がり、部屋の気が整っていくのが分かるでしょう。

流すのは、あなたが好きな音楽でも構いませんし、クラシック音楽やヒーリング音楽など、歌詞のない穏やかな音楽がベターです。

鈴の音も災難を祓ってくれます。

神社のお賽銭箱の上にも「本坪鈴《ほんつぼすず》」という鈴が吊されています。第3章「神社参拝の新常識」では鈴を鳴らすのは神様の注意を引くためとお伝えしましたが、同時に鈴の音によって場の気を整える狙いもあります。

神社の大きな鈴ではなくても、鈴の音には十分な厄除け効果があります。**普段から小さな鈴を持ち歩き、あなたが不快に感じた瞬間にそっと鳴らしてみましょう。**

客商売の飲食店や物販店でも、扉に鈴をつけているお店があります。鈴の音には来客を知らせる狙いもありますが、同時に場を清めているのです。

鈴がついたキーホルダーは少々レトロに感じますが、厄除けの効果は抜群です。

少し専門的にはなりますが、もともとは楽器の音をチューニングする際に使われてきた音叉《おんさ》にも場を整える力があります。

また私は時々、オフィスや自宅で、風鈴を使って音を鳴らして邪気を追い出しています。

白檀や紫檀の香りで空間を浄化する

香りでも、厄を祓うことができます。

厄祓い効果が高いのは白檀や紫檀の香りでしょう。これはサンダルウッドやローズウッドとも呼ばれています。

これらは最高級の香木で、仏像を彫るなど、仏壇などにも使われています。

実際、仏教では昔からお香を焚《た》くことが、不浄を祓い、心を整えるための方法とされてきました。

香りが魔除けや厄除けとして使われてきたのです。

日本では6世紀に仏教が伝来した当初から用いられていた、歴史のある厄祓いの方法が香りです。

お香から出る煙の不規則なゆらぎは、「1／fゆらぎ」ともいわれ、リラックス効果があるとされています。

香りで場を浄化するのに加えて、煙の香りやその様子が、その場にいる人の心を整えてくれます。

アロマオイルなどで空間を浄化するのも一つの手です。

アロマをまとうことは、厄祓いになるだけでなく、厄除けにもなってくれます。

気持ちがモヤモヤするなら泣いて厄を落とそう

視覚は、私たちに大きな影響を与えます。脳科学によると、普段私たちが処理している情報の8割は視覚から得た情報だといいます。

だからこそ、視覚を厄除けに生かせばその効果は絶大です。

例えば感動的な映画を見たり、本を読んだりして思いっきり涙を流すことも、厄祓い効果があります。

涙には強力な浄化作用があるとされており、心の中に溜め込まれた邪気を洗い流してくれます。

ストレスやモヤモヤした気持ちを溜めたままでは、何事もスムーズに進みません。イライラやモヤモヤは、涙でリセットしましょう。

悪い情報や悲しい情報を、視覚から入れないようにすることも大事な工夫です。厄は視覚情報から入ってきやすいもの。そのためマイナスの気や穢れがつきやすい厄年は特に、注意が必要です。

凶悪犯罪や悲しいニュースなどは、必要がないならわざわざ見なくても構いません。なるべく遠ざけるようにしましょう。

SNSにも注意が必要です。SNSに投稿される愚痴やマウンティング、誹謗中傷などのネガティブな情報は、それがあなたと無関係の内容だったとしても、視界に入るだけで小さな厄が溜まっていきます。

寝室にスマートフォンを持って行かないように工夫して、SNSから距離を取る日を設けて、厄祓いを実践しましょう。

最強のパワーフードは「桃」と「米」

火のエネルギーを持つ食材を食べることも、厄祓いになります。

護摩祈祷《ごまきとう》の焚き上げや神社での火祭りなど、火を燃やすことは、厄祓いや魔除けの儀式において、重要な役割を果たしてきました。

厄年は、陰のエネルギーが強くなりがちです。

だからこそ、火の力を使って陽のエネルギーを取り入れることで、陰陽のバランスを整えることが重要なのです。

火のエネルギーを体に取り込むには、生の食べ物や冷たい食べ物を食べるのではなく、炒めたり焼いたりしたものを、積極的に体に取り入れてください。

また干物なども、火（太陽）のエネルギーをいただいたものとされています。

ほかに陽のエネルギーを高める食材となるのが、桃と米です。

桃には、古来、魔除けの力があるとされてきました。

古事記や日本書紀などでも、桃で魔物を追い払う物語が描かれています。

陰陽師として有名な安倍晴明が祀られている京都の晴明神社には、なでると厄が落ちる「厄除桃」の銅像があることでも有名です。

子供の厄除けの行事である3月3日は、桃の節句でもあります。もとは桃の花を飾って穢れを祓う目的がありました。


米は、農耕が始まった弥生時代から日本人の主食であり、エネルギーの源です。神社でも、米や餅、米からできた日本酒などを神様に供えてきました。

余談ですが、風水にとって重要な「気」は、かつては「氣」という字を使っていました。米が目に見えないエネルギーを持っていることを表していたのです。

それくらい、米は日本人にとって最強のパワーフードでした。

不運が続いたり、力が入らなかったりするときには意識して、桃を食べたり、米や餅、日本酒から、陽のエネルギーを取り入れたりして、厄を祓いましょう。

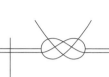

家の中の厄除けは観葉植物と風呂場

家の中で最強の厄除けアイテムは、グリーンです。

本書の第2章「風水の新常識」でも、さまざまな場所で観葉植物の力を借りると良いとお伝えしました。

植物には、穢れや負のエネルギーをプラスのエネルギーに変える力があります。二酸化炭素が光合成によって酸素に生まれ変わるときに、気を浄化してくれているのです。

家の中では、特に陰のエネルギーを放つ電化製品の近くに、グリーンを置くようにしましょう。陰のエネルギーが消え、家の気が整うことを実感するはずです。

ただし造花には厄祓いの力がありません。必ず生きたグリーンで厄祓いをしてください。

毎日のシャワーで厄を祓おう

お風呂での禊も、家でできる簡単な厄祓いです。

禊とは、本来は海や川、滝などで水を浴び、穢れを落として身を清める神道の行為を指します。水は、穢れを落とす大切な存在です。

日常生活で穢れをしっかりと祓いたいなら、風呂場がカギを握ります。**日常的な厄を祓うなら、首の後ろの付け根あたりに、シャワーを1～2分の間当てるといいでしょう。これで厄を祓うことができます。**

背中は、魔が入ってきやすい場所。だからこそ、男性用の一つ紋の着物は、この位置に家紋をあしらい、魔や穢れから身を守っていました。

これからの時代は、この部分を水で洗い流すことで厄を祓いましょう。

これを私は、「紋付きシャワー」と呼んでいます。

水の持つ浄化のパワーを生かして、手を洗ったり、うがいをしたりすることも効果的です。

人にごちそうするのが最強の厄除け

みなさまに実践していただきたい最強の厄除けをお伝えします。

それが、人にごちそうすることです。

人に振る舞ったり、もてなしたりすることとは、日本人にとっては古くから続く風習でした。私たちは長い歴史の中でよく人に施し、助け合ってきたのです。

特に厄年の人にごちそうすることは、強い厄祓い効果があります。互いの喜びの波動が、「福運」となって返ってくるからです。

人にごちそうすると、自分も相手も、ポジティブな気をまとうことができます。

非常に簡単で、他者に幸せのお裾分けができるこの厄祓いの力は最強です。

ぜひ、積極的に実施してください。

臨時収入が入ったりするなどして仕事が順調なときほど、私たちの心にはおごりが生まれやすくなります。

幸運も厄も、一人で溜め込むのは良くありません。

だからこそ、幸運が舞い込んだときには自分の中で溜め込まず、幸運のお裾分けをして、エネルギーを発散することが大切なのです。

その方が気の流れが良くなり、次の幸運も舞い込みやすくなり、厄祓いにもつながります。

ごちそうするといっても、大きな金額でなくても構いません。

ビールを一杯ごちそうするとか、ちょっとしたプチギフトや手土産を渡すだけでも大丈夫。

そうしたお裾分けの気持ちが、エネルギーの循環を促していき、気が流れていくのです。

うまくいかないときこそ
人にごちそうして運を拓く

私は、「何となくうまくいかないな」という日が続いたら、友人を誘ってランチをごちそうしたり、会社のメンバーに差し入れをしたりするようにしています。

人と楽しい時間を過ごすと心が晴れていきますし、誰かのためにお金を使うと、不思議とお金は巡り巡って、返ってくるものです。

「自分へのご褒美」という考え方もありますが、自分のためではなく、誰かのためにお金を使うのがポイントです。

周囲を巻き込み、楽しみながら厄祓いをしましょう。

日常のあらゆるところに、幸福の種は潜んでいます。

厄を恐れず、今ある幸せに気づき、日々の些細《ささい》な幸せを実感していくことが、これからの時代に開運体質となる秘訣です。

人にごちそうすることは自分も相手も幸せになる一石二鳥の最強の厄祓いです。

第4章まとめ

厄除けの新常識

- 厄年には、怯えるのではなく備えよ
- 厄除けは遠くの有名な神社より近所の氏神様へ
- 日常の厄落としは「塩」「赤」「麻」「睡眠」が大切
- 香りや音、涙、食べ物でも厄は落とせる
- 人にごちそうすることが最強の厄除け

第 5 章

吉日の新常識

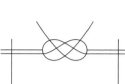

吉日の中には信憑性の低いものも

運を拓きたいと願い、「吉日」を意識する人も多くいます。

吉日とは辞書で引くと、「物事をするのに日取りの良い日。めでたい日。運の良い日」とあります。

吉日は暦をもとにしているものが多いように感じているのではないでしょうか。

そもそも暦は、中国から日本に入ってきたものです。飛鳥時代には日本で初めて暦が作られたといわれています。

日本の吉日は、ほとんどが中国の暦の影響を受けています。

中でも、最もポピュラーな吉日は「六曜」です。

「大安《たいあん》」や「仏滅《ぶつめつ》」、「友引《ともびき》」といった言葉を、一度は耳にしたことがあるでしょう。

例えば大安は「大いに安し」という意味で、六曜の中で最も縁起の良い日とされ、結婚式の日取りに好んで選ばれます。

「先勝《せんしょう》」「友引」「先負《せんぷ》」「仏滅」「大安」「赤口《しゃっこう》」と、6種の曜があるため六曜と呼ばれています。

私たちは、それぞれの日の持つ意味合いをあまり理解しないまま今まで使い続けてきました。

吉日も凶日も、その由来や意味を知れば、うまく使いこなすことができるようになります。吉日の歴史を振り返りながら、これからの時代の、吉日の新常識を身につけていきましょう。

大安、仏滅が定着したのは明治時代

六曜は中国の三国時代の武将として有名な諸葛孔明《しょかっこうめい》が戦争で用いたといわれる暦であり、もとは戦争の勝敗を見るための占いに使われていました。

中国での歴史は長いのですが、日本に持ち込まれたのは明治時代になります。**明治維新後、江戸時代にはやったさまざまな暦を廃止するために、明治政府が六曜を導入しました。**

江戸時代は、空前の暦ブーム。

今ではあまり考えられませんが、江戸時代の庶民は自由に暦を作成し、年賀状のように送り合ったり、販売したりしていたそうです。遊び心のある創作された暦も大量に存在していました。

現代の感覚だと、週刊誌やスポーツ新聞、YouTubeやTwitterにある星占いのようなイメージでしょうか。

理論的な背景のない暦もたくさん存在し、気軽に占いを見る感覚で、江戸時代の庶民たちは暦を楽しんでいたそうです。

江戸時代のカレンダーでもある暦には、一日一日が、さまざまなタイプの暦で上段から下段まで埋め尽くされていました。

こうした暦から生まれた風習もたくさんあったそうです。

そのうち、日々の吉凶を表す「暦注」が暦の下段に書かれるようになります。

現代の雑誌や新聞の欄外や小さな枠に書かれている占いやラッキーアイテムなどのコラムと似ていますね。

下段にある暦は、ちょっとしたエンターテインメントだったわけです。

根拠のない迷信だらけの暦が増えると、「この日は外に出られない」「この日は仕事をしてはならない」など、庶民の日常生活がデタラメな暦に振り回されるようになりました。これでは、生活もままなりません。

そこで明治政府はこうした暦を廃止し、現在も続く太陽暦を導入。日取りによる吉凶については、シンプルな六曜に統一したのです。

天赦日や一粒万倍日、寅の日の由来は？

最近では、ニュースやSNSで「天赦日《てんしゃにち》」や「一粒万倍日《いちりゅうまんばいび》」といった吉日を目にするようになりました。

「縁起がいい」「金運が上がる」などと聞くと気になりますね。

例えば、天赦日。

これは日本の暦で最高とされる吉日で、年に5～6回ほど訪れます。大安など、ほかの吉日よりも最強の日だと言われています。

一粒万倍日は「一粒のもみが万倍のもみをつけた稲穂になる」といわれている日です。もみをまくように、何かを始めるのに最適な日とされています。

吉日である天赦日と一粒万倍日が合わさった日は、最大の開運日とされ、最近ではよく話題になっています。

結婚や入籍のような慶事はもちろん、起業から財布の買い替えまで、何か新しいことを始めるのにオススメとされています。

金運に関する吉日だと、金運招来日と呼ばれる「寅《とら》の日」も注目されています。寅は中国で、「千里の道を行き、また戻ってくる」と考えられている動物です。そのため寅の日に使ったお金は戻ってくるとされています。ほかにも「天恩日《てんおんにち》」や「巳《み》の日」なども金運に良い日として、耳にする機会が増えています。

宝くじのマーケティングによって注目された吉日

天赦日や一粒万倍日、寅の日や天恩日、巳の日は、もとは九星気学からきている暦です。

これらについても、江戸時代に流行した暦の一つでした。

先ほど説明した通り、江戸時代に流行した暦は明治政府によって使用を禁じられ、それ以降、日本ではほとんど注目されることがありませんでした。

江戸時代に人気を集めた暦の一つが現代になって復活した背景には、ある事情がありました。

それがマーケティングです。

吉日をマーケティングに使った例として最も有名なのが、土用のうなぎです。

江戸時代、暑い夏の日にうなぎが売れないと嘆くうなぎ屋から相談を受けた平《ひら》賀源内《がげんない》が、うなぎを売るためのマーケティングとして、「土用の丑《うし》の日」を活用。

「精をつけるには、土用の丑の日にうなぎを食べよう」と掲げたことで、土用のうなぎが定着しました。

同じように、一粒万倍日や天赦日は、宝くじのマーケティングのために古い暦から掘り起こされた吉日です。

これに便乗して、「新しい財布を買うのは一粒万倍日がベスト」「結婚式の日取りは天赦日が最適」など、ほかの業界も暦をマーケティングに生かすようになったというわけです。

これらの吉日も、もともとは九星気学の理論に基づいていますから、まったく根拠がないものではありません。

しかしその由来にはあやふやな部分も多く、効果も定かではありません。

どちらかというと、「バレンタインデーにチョコレートを贈る」「節分に恵方巻きを食べる」などに近いイメージで、効果ゼロではないけれども、商売のために仕掛けられた吉日という側面が強いのです。

そう考えると、こうした吉日に踊らされることが少し空しくなりませんか。

一人ひとりが持っている
自分だけの吉日

一粒万倍日や天赦日、さらには大安や仏滅といった暦上の吉日や凶日には、振り回されすぎないことが、これからの時代の開運の新常識です。


といっても、吉日がすべてなくなるとつまらないですよね。

であれば、注目すべきなのは、生年月日から割り出すことのできる一人ひとりの吉日です。


九星気学の世界では、生まれた年や月、日や時間によって、一人ひとりの吉日が定められています。

第2章「風水の新常識」で紹介した、日命（生まれた日）をもとに割り出されるものです。

これは自分自身のラッキーデー。

一人ひとりのバイオリズムに合った開運日が統計学から算出されています。

こうした一人ひとりの吉日を調べるには、本書とは別にもう一冊本が必要なくらい複雑で、学ばなければなりません。

そのため、結婚式や大切な契約の日など、自分にとって大切な日取りは、プロに相談して調べてもらうのが良いでしょう。

少し手間はかかりますが、一人ひとりに合わせた開運日となりますので、その分、効果は抜群です。

私は、このラッキーなスペシャルデーに吉方位を訪れるようにしています。

ただ、毎回プロに見てもらうのも大変です。そこで次のページからは、運気を上げるために取り入れたいもう一つの吉日について紹介します。

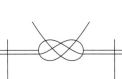

二十四節気のエネルギーで運気を上げる

手軽に取り入れられて、暦の吉日よりも開運効果が高いのが、1年を24の季節の区切りに分けた二十四節気です。

節分や立春、夏至、冬至など、季節の変わり目となる日が二十四節気です。

太陽の周期によって定まるため、日程は毎年、少しずつ変わりますが、カレンダーなどに書かれていることも多いので、簡単に調べられます。

春分の日や秋分の日は祝日になっています。

二十四節気に関連する行事がニュースになることも多いので、耳にしたことのある人も多いはずです。

しかし、それが吉日であると知っている人はあまりいません。

季節が動く節入りの日

二十四節気は、2000年以上前の中国で生まれ、日本にもかなり古くに入り、農業の節目などに用いられてきました。

カレンダーや時計も存在していない時代。作物の出来・不出来はその年の豊かさに直結しています。

季節の変化を知り、最も効果のあるタイミングで作物を育てることは、当時の人々にとっては文字通り、死活問題でした。

昔の人は、現代よりも季節の変化に詳しく、その力をうまく生活に利用していました。

季節が動く日は、大きなエネルギーが生まれる日。

この季節の変化と自分自身をシンクロさせれば、ものすごいパワーを得ることができます。

■二十四節気

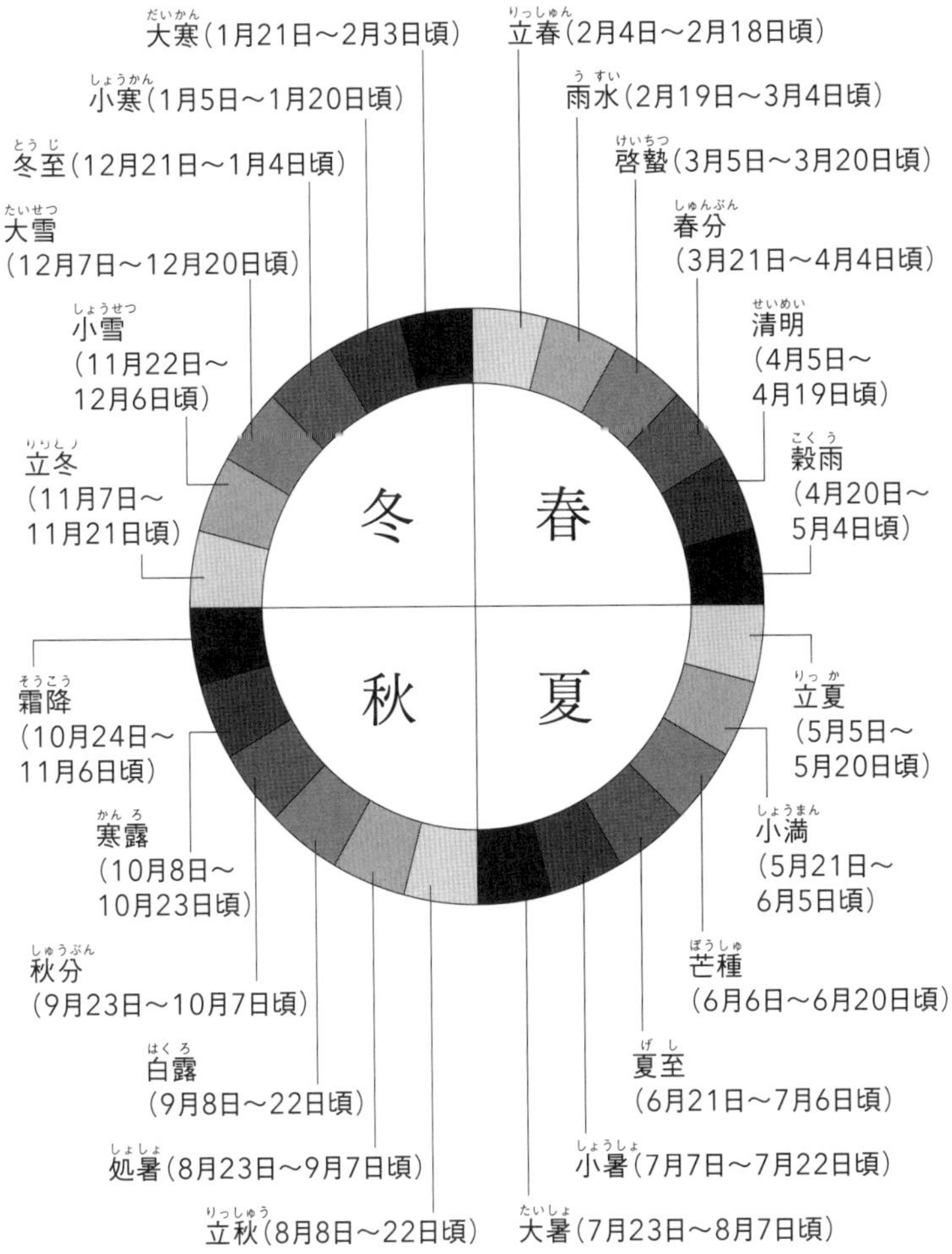

注:年によって日にちが前後することもあります。

風水の世界では、1年は立春からスタートし、翌年の節分で終わります。

二十四節気は、この1年の間に24回、約14〜15日おきに巡ります。

節が変わる日を「節入り」といって、次の季節へ移るために強いエネルギーを宿す日としています。

ですから、二十四節気の節入りであるスタートの日に神社を参拝すれば、大きな自然の力であなたを厄から守ってくれます。

季節の変化という自然のエネルギーを利用して、運を拓いていくわけです。

節入りは月に2度は巡ってきますから、積極的に活用してみてください。

もちろん、二十四節気が変わるたびに神社参拝をするのは大変ですから、自分に合ったペースで大丈夫。行けない日があったからといって、不幸になるわけではありません。


1年に24回ある節入りの中でも、特にパワーが強いのが、「四立」と呼ばれる「立春」「立夏」「立秋」「立冬」と、日の出から日没までの時間が1年で最も長くなる「夏至」、日の出から日没までの時間が1年で最も短くなる「冬至」の、6

つのタイミングです。

2カ月に1回の頻度で訪れますが、ここはできる限り神社にお参りに行きましょう。

1年の中で最も強い開運日の冬至

自然のエネルギーが強い6つの日の中でも、特に陰のエネルギーから陽のエネルギーに転じる起点となる冬至は、運気を上げたいなら、何よりも大切にしたい日です。

冬至は日の出から日の入りまで太陽の出ている時間が1年で最も短い日。冬至を過ぎれば1日ずつ、太陽の時間が長くなります。

だからこそ陰のエネルギーが陽に転じる大切な日とされています。

多くの人が気持ちを新たにするタイミングは元日ではないでしょうか。

しかし旧暦においては、陰のエネルギーが陽に変わる冬至こそが1年のスタート地点とされています。

古代中国で暦を作るときに、最初に定められたのが冬至です。当時、王様は冬至の日に1年の計画を立てていました。

冬至は、陽の季節の幕開けとして非常に重要な日だったのです。

日本でも、伊勢神宮で冬至祭が行われたり、東京・早稲田にある穴八幡宮では、冬至の日の出と同時に、商売繁盛や金運上昇にご利益のある「一陽来復《いっちょうらいふく》」のお守りが販売されたりします。

新しい年の始まりでもある冬至。

運気を上げる一つの方法として、冬至の日から新しいことをスタートしてみましょう。

発信力を高めるためにブログや音声配信を始めるのも良し。起業や副業のスタートを冬至に合わせるのも良いでしょう。

大切な契約を冬至に合わせたり、転職の決断を下したりするのもベストです。

大きな意思決定でなくても、新しい手帳やノートをおろしてその先1年の目標を書き出すだけでもOKです。

冬至の日にノートに書き出したことを、それからの1年で行動に起こし、夢を叶えていくのです。

立春参りで邪気を祓い気持ちの良い元日をスタートさせよう

冬至の次に大切にしたいのが立春です。

立春は、運気アップを考える人にとっては元日のような日と位置づけられています。旧正月もちょうどこの時季で、中国圏ではお正月として盛り上がりますよね。

神社で厄祓いをするなら、冬至から立春までの間に実践するのがベストです。できれば、その年の自分の吉方位にある神社に立春参りをして、邪気の断捨離をしていきましょう。

かつては、立春を過ぎると厄祓いをしてもらえない神社もありました。しかし、最近では年中、厄祓いを受け付ける神社も増えていますのでご安心ください。

1年の中でも、この冬至と立春の力をうまく使いこなすと、開運効果が増大します。何かを始めるなど、決断を下すなら、冬至か立春を選ぶといいでしょう。

ただ、現代はあまりにも変化の速い時代です。社会情勢やトレンド、そして自分自身の状況だって、あっという間に変わっていきます。

新しいことを始めたいのに、次の冬至まで待つことはできないという人もいるでしょう。

日本には、「思い立ったが吉日」ということわざがあります。

もしあなたがワクワクしたことを思いついたなら、二十四節気の中でも最も近い節入りの日にスタートさせましょう。

二十四節気の力をうまく使うことで、開運スピードを上げることができます。

陽のエネルギーが極まる夏至には楽しい未来の計画を

夏至は、1年の中で最も日が長く、陽のエネルギーが最高潮となる日です。

この日のエネルギーをうまく使うなら、楽しい未来の計画を立てましょう。


「新しく家を建てたい」

「年収アップを目指して転職したい」

「海外に暮らしたい」

「お店を開きたい」


心の奥で抱いている願望に、私たちは普段、フタをしてしまいがちです。

こうした感情を掘り起こし、胸の奥にしまっていた夢や目標を、この日に言葉にしてみましょう。


例えば私は、母のたっての願いで、鎌倉に家を持ちたいと思っていました。

「鎌倉で暮らしてみたいわ」という母のために、特に見込みがあったわけでもないのですが、ある年の夏至の日、母の夢を叶えてあげようと決心したのです。

賃貸マンションに住みながら鎌倉の物件を探していましたが、どの家も高く、家を買うなんて無理な価格です。

しかしある日、両親が以前住んでいた築20年以上の古い家が、鉄道の線路増設の兼ね合いで、信じられないほど高値で売れたのです。

おかげで、鎌倉の家を買う資金を手にし、母の願いを叶えてあげることができました。

願いを強く自覚すると、時に、思いもよらないような奇跡が起こります。

私はこれまでの人生で、こうした驚くような出来事を、何度も繰り返し体験してきました。

夏至の宣言が、大きな力を与えてくれたのだと確信しています。

陽のエネルギーは、夢の推進力になります。ぜひ、味方につけてください。

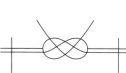

年4回の土用はメンテナンス期間

二十四節気の考え方そのものは中国から持ち込まれた発想ですが、日本と中国の季節は少し異なります。

そこで季節の微調整のために、「雑節《ざっせつ》」という日本独自の暦が誕生しました。中国とは気候の異なる日本で、農業のタイミングを見極めるための暦として使われてきた雑節ですが、これを知ると、さらに季節の変わり目を明確に意識できるようになります。

代表的なものは「土用」です。7月の土用が「うなぎを食べる日」としてよく知られていますが、土用は年に4回あり、四立（立春、立夏、立秋、立冬）の直前の18日間を指します。

季節はいきなり、夏から秋へと変わったりはせず、夏の暑さがぶり返したり、突然涼しくなったりと、揺らぎながら進みます。この揺らぎの時季が土用です。

この土用に土を触ると、土の神様である「土公神《どこうじん》」が嫌がり、災いが訪れるとされ、かつてはこの時期の農作業や土木工事など、土に関わる作業は禁忌とされていました。

これは単なる迷信ではなく、科学的根拠があります。

季節の変わり目は、土の中のバクテリアが土に栄養を与えるタイミング。それを掘り返してしまうと、せっかく栄養たっぷりの土が台なしになってしまいます。そのため、土用に土を触るべきではないとされてきたのです。

季節の変わり目は日々の気温の変化が大きく、体調を崩しやすくなります。こうした時季に無理をすると、体を壊したり、体調不良になったりします。

土用の間は、体をゆっくりと休め、次に訪れる季節に備えましょう。

私は土用の時季は、意識的に温泉に行ったり、自宅でゆっくり過ごしたりして、リラックスするように心がけています。

暦を知ると、無理もしなくなります。昔の人が生活の中で紡ぎ出した知恵ですから、積極的に活用していきましょう。

春の土用で大切な「捨て活」

立夏（およそ5月5日頃）の直前の18日間となる春の土用には、「捨て活」をオススメしています。

春の土用は、陰陽五行で「燃やす」がキーワード。

土用の間にするといいことが二つあります。

一つは、読まなくなった本や、溜まった書類、不要な家具など、紙や木の製品を捨てることです。

もう一つは、やる気のなさを捨てて、意欲を燃やすこと。嫉妬心をなくすなど、悪いクセをやめたりするといいでしょう。

気持ちの切り替えができ、次の季節への新たなエネルギーが湧いてきます。

暦は自然の大きな力を生かす知恵

私は普段から、「運を高めて幸せになりたいなら、暦が重要」とお伝えしています。

それでも、話を聞く人の中には、半信半疑の方もたくさんいらっしゃいます。「暦なんて、ただのカレンダーだ」「二十四節気は古い風習であまり意味はない」と考えているようです。

ですが地球上で生きている限り、私たちは自然の持つ大きな力に逆らうことはできません。

自然のエネルギーを私たちの暮らしにうまく取り入れる方が、手っ取り早く運気を高められます。

それも、暦を取り入れて暮らすのはとても簡単です。

「十五夜には、美しいお月さまを見上げてみよう」
「人日《じんじつ》の節句には、春の七草を作ってみよう」
「お彼岸には、先祖の墓参りに行ってみよう」
「社日《しゃにち》には、産土神に参拝してみよう」

こんなふうに、二十四節気や雑節をはじめとする季節の巡りを、年中行事として楽しむだけで良いのです。

私のところに相談に来られる人にこうアドバイスをすると、「暦を意識するようになって、不思議と運が動き始めた」という人がたくさんいらっしゃいます。

自然の変化に敏感になることで、感性が研ぎ澄まされ、少しずつ自分自身のバイオリズムも整うようになる。

すると、仕事の頑張りどころや体を休めるタイミングが分かるようになり、良いコンディションで人生を切り拓くことができるようになるのです。

体を整えることが、気を整えることにつながり、自分が研ぎ澄まされた状態に

なると、新しいアイデアや運、人がどんどん引き寄せられるようになります。

日常の中に、季節を取り入れてパワーチャージをすること。

自然の力が、あなたの開運を後押ししてくれます。

もう、お仕着せの吉日からは卒業しましょう。

根拠の薄い一粒万倍日や天赦日に振り回されなくても大丈夫。

目の前の季節を感じ、自然のエネルギーから導き出される吉日こそ、あたらしい時代の最高の開運日です。

第5章まとめ

吉日の新常識

- 「大安」「仏滅」などの六曜が浸透したのは明治以降
- 「天赦日」や「一粒万倍日」はマーケティングの産物
- 吉日で大切にすべきは二十四節気の「節入り」
- 一年で最もエネルギーが高いのは「冬至」と「立春」
- 土用のメンテナンス期間は体を休めるべし

コラム

吉方位の新常識

COLUMN

知っていれば開運力がぐんとアップ 方位のエネルギーを味方につけよう

「吉方位」とは、九星気学によって算出される自分の運気が上がる方角のこと。生活の中で、私たちは常に少しずつ邪気を吸い込んでいます。吉方位に行くと、溜まった邪気を祓うことができ、本来の自分に戻れます。自分にとって吉となる方位のエネルギーを利用して、運気を整えることができるというわけです。

吉方位を知るには、まずは自分の九星を知りましょう。該当する九星ごとに、年、月、日、さらには時間によっても吉方位が決まっています。吉方位だけでなく、凶方位も存在します。

吉方位の方角に行くと、土地のプラスの気を取り入れることができ、パワーチャージされ、マイナスの気は消え、歪んだ気の流れを整えることもできます。

最強の吉方位による開運は「引っ越し」

吉方位の力を最大限に生かしたい場合は、引っ越しが一番。

あなたの運気が停滞しているのは、もしかすると何年も同じ場所に住み続けていることに原因があるのかもしれません。

10年、15年と同じ家に住み続けるよりも、新しい場所に引っ越してみましょう。

人は変化がないと気がよどみ、結果的に停滞や後退につながってしまいます。

成功している経営者の多くが、定期的に吉方位を訪れて、エネルギーチャージをしています。

成功している人は、会社移転や仕事の出張の方位も細かく気にします。

運気を変えるためだけに、わざわざ引っ越しをする人もいるほどです。

それくらい、必要なタイミングで吉方位を訪れることには開運の力があります。

吉方位の方位取りで
五行のバランスを整える

吉方位による運気アップを体験したいなら、まずは「方位取り」（「祐気《ゆうき》取り」とも言います）によるパワーチャージ旅行で、手軽に吉方位の効果を体感してみるところから始めましょう。

これまでは、方位取りに行くなら、訪れた先で少なくとも3日以上を過ごすべきだといわれてきました。それも、なるべく遠くに旅をすることで吉方位のパワーを最大化できると考えられていました。

しかし、忙しく働く現代人にとって、3日以上の時間を方位取りに当てるのはなかなか大変なことです。

私は、方位取りは日帰りでも十分と考えています。

長く滞在することよりも、訪れた吉方位で、「五行」のバランスを整えることを大切にしましょう。

五行というのは、「木」「火」「土」「金」「水」。

木＝朝日を浴びる
火＝温泉に入る
土＝大地を歩く
金＝その土地の食べ物を食べる
水＝その土地の水を飲む

この5つを通して、土地のエネルギーを全身に取り入れてください。

日帰りなら、次のようなプランがオススメです。

・日の出とともに出発
・朝の光が明るいうちに現地に到着

・午前中に、現地の神社に参拝
・ランチで地元の新鮮な食材を味わう
・午後はその土地の自然に触れながら散歩
・夕方、その土地の温泉にゆっくり浸かる
・帰宅

訪れた先の自然のエネルギーを存分に取り入れることで、日帰りでも十分に吉方位の効果を得ることができます。

五行のエネルギーをバランス良く堪能するという考え方は、何も方位取りだけに有効なわけではありません。

日本各地のパワースポットに訪れることがあったら、同じように五行の観点から、その土地の持つエネルギーを最大限に吸収してください。

凶方位は厄祓いで打ち消す

では、凶方位に行く場合はどうでしょうか。

仕事や家族の都合で、凶方位を訪れざるを得ないケースもあるでしょう。

移動する日や方角を選べるのであれば、避けるのがベストです。

しかし、仮に凶方位に行くことになっても悩みすぎないこと。

凶方位であっても、厄祓いや風水などで、凶方位のデメリットを打ち消す方法はあります。

ですから、あまり恐れすぎないでください。


以前、「子供の修学旅行先が、凶方位だから行かせない方が良いでしょうか」という相談を受けました。

これは非常にバカバカしい考え方です。

お子さんにとって修学旅行は、学生時代の大切なイベントです。それを凶方位

■それぞれの方角が持つエネルギー

北	心身のパワー回復。家族運、愛情運。子供に恵まれたいときや、パートナーとの愛情を復活させたいときに有効
東北	不動産運や貯蓄運アップ。マイナスの気を排出し、新たな運を取り込む
東	気のチャージ、アンチエージング、感度やセンスを高める、発展する
東南	結婚運。良縁、仕事の出会いや契約の獲得の縁にも恵まれる
南	リセットの方位。知恵が増す
西南	家族運。優しさや母性が身につく、仕事に恵まれる
西	金運。豊かさ。社交性が上がる。人脈が広がる
西北	地位や名誉、権力を得る。一攫千金

だという理由でキャンセルしてしまうのはNGです。

こういったケースでは、別の方法で凶方位に移動するデメリットを取り払って行きましょう。

例えば、凶方位から帰ってから吉方位に移動したり、吉方位に移動した後で凶方位に行けば良いのです。

凶方位によって人生の選択肢が狭まるのはもったいない。

どうしても仕方がない移動は、怖がらないでどんどん出かけていきましょう。

その上で、吉方位への旅行は心から楽しみ、五感で味わい尽くすこと。

これが、方位によるパワーを最大化させる、これからの新常識です。

方位ごとに効果は異なる

覚えておきたいのは、それぞれの方位に宿るエネルギーには意味があるということです。

吉方位を訪れる場合は、右の表を参考にしてください。

願い事やなりたい自分に合わせて、楽しみながら開運するのがこれからの時代の方位取りです。

第6章

金運の新常識

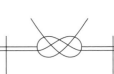

金運は「貯める」より「使う」で上昇する

「開運」というと、多くの人が金運アップについて真っ先に考えるようです。

「お金があるのはいいことだ」「お金さえあれば、幸せになれる」――。

そんな発想で、まずは金運を上げたいと考えるのでしょうね。

私が受ける相談も、やはり金運に関するものがとても多く、少し大げさに言ってしまうと、ほとんどの相談内容にお金の話題が絡むほどです。

それくらい多くの人が、お金について悩んでいるということなのでしょう。

では、どうすれば金運を上げることができるのでしょうか。

早速、本題に入って……と言いたいところですが、その前に少しだけお時間をください。

最初に考える必要があるのが、「そもそも金運とは何か」ということです。

「金運が良い」と聞くと何を思い浮かべますか。

多くの人が、「宝くじに当たる」とか「親の遺産が転がり込んでくる」といった、棚からぼた餅系のラッキーな出来事を想像するのではないでしょうか。

一発逆転、努力ゼロで大金が手に入る。

突然転がり込んだ大金を、そのまま貯蓄に回したり、住宅ローンの返済に充てたり。使い道は恐らく、そんな感じでしょう。

でも、こうした使い方では、「お金」が「お金」の状態のままで保管されたり、動いたりするだけで、新しい何かを生み出すことはありません。

私はこれを、「昭和の金運」と呼んでいます。ひと昔前の金運の考え方です。

あたらしい時代の金運は「人生を好転させる」ためのお金

あたらしい時代の金運は、これまでの金運アップ術とは大きく異なります。

「お金」は、あくまでも人生を豊かにする道具。

人生の新しい扉を開き、あなたの成長や挑戦、発展を支えるツールとして使われるものです。ですから、貯《た》め込むのではなく、どんどん循環させる方がいい。

そんな姿勢でいると、自分の人生を好転させるお金が、必要なタイミングで、必要な分だけ流れ込んでくる。

これからの時代に「金運が良い」というのは、こういった状態のことです。

例えば、キャリアアップのためにある講座の授業料を払ったら、ひょんなところから、それとほぼ同額のお金が舞い込んできた。

事業に苦戦する友達を助けるつもりで商品を買ったら、それと同じくらいの金額のプレゼントを別の人からもらった。

引っ越しで本来ならば支払う必要のあった大金が、大家さんと交渉を重ねるうちに支払わなくても済んでしまった。

どのケースも、貯め込むことばかりに意識が向いているこれまでの金運とは違いますよね。

あたらしい時代の金運は、お金が動いて生きている。
人のためにお金を使って
宝くじに二度も当選！

あたらしい時代の金運を高めて、宝くじに二度、当たった人もいます。

Sさんは、腕の良い料理人。お人好しのSさんはあるとき、知人の借金の保証人になり、その後、知人が事業に失敗して姿をくらましました。

Sさんは、知人の借金を肩代わりしなくてはならなくなりました。

とばっちりもいいところですよね。

それでもSさんは、知人を探し出して借金返済を迫るようなことはせず、知人の代わりに借金を返す道を選んだのです。

借金を返済するために自宅を手放し、大切にしてきた自分のお店も縮小せざるを得ませんでした。もう、踏んだり蹴ったりです。

そんな中でふと、宝くじ売り場が目に入ったのだそう。

「運試しに宝くじでも買ってみよう」

そんな軽い気持ちで宝くじを買ってみたら、それが1等に当選したのです。

手に入れた1億円で借金を返済。全額を返すと、手元には300万円が残りました。

するとSさんは、この300万円でもう一度、宝くじを買いました。

一度目の当選に味をしめて「もう一度……」と考えたわけではありません。

「借金地獄から救ってくれたのは宝くじのおかげ。当たらなくてもいいから、残った300万円はお返しのつもりで宝くじを買おう」

300万円を自分のために使ってもいいのに、そうはせず、お礼として宝くじを買うことにしたわけです。

すると、恩返しのつもりで買った宝くじが、またしても1等に当選。

新たに手に入れた1億円で、Sさんは家族のために家を建てたそうです。

Sさんのお金を巡る一連の展開は、一見すると、昔ながらのタナボタ系金運アップの話に見えるかもしれません。

でも、私はこのエピソードはこれからの時代の金運を象徴していると感じます。

Sさんの人徳が宝くじの当選を引き寄せ、借金地獄から抜け出すきっかけとなった。運良く大金を手に入れても、それを貯め込もうとせず、お礼をしたり、家族を喜ばせたり……。

人は、身にそぐわない大金が転がり込んでくると、つい自分だけで抱え込んだりするものです。それが人間不信を引き起こしたり、場合によっては舞い上がって仕事を辞め、ムダ遣いを重ねて、一瞬でお金を使い果たしてしまったりします。

たとえ大金が入ったとしても、これでは幸せとはいえません。

お金は人生を拓くための道具

あたらしい時代の金運は、ただ大金を手に入れることではありません。

お金はあくまでも、あなたの人生を好転させるための道具。

あなたが自分や周りの人を幸せにするためにお金を使うことで、お金がどんどん循環していく。

あなたがお金が欲しいと思ったときに、ドンピシャのタイミングで、必要な分だけお金がどこからか舞い込んでくる。

それが、あたらしい時代の「金運が良い」ということです。

金運は、あなたの生き方と連動しているのです。

より良く生きることが、金運アップにつながっていく。

これを大前提として、次のページからは、具体的にこれからの時代の金運アップ術を紹介しましょう。

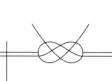

「黄色」「長財布」はもういらない

金運を良くしたい──。

そう考えて、多くの人の頭にすぐに浮かぶのが、「黄色の長財布を使う」「家の西側に黄色や金色のモノを置く」といった開運術ではないでしょうか。

「金運アップには黄色（もしくは金色）」

「金運アップには西側」

こんな開運ルールが広く浸透しています。

この考えがどこから生まれたかというと、もとは中国の陰陽五行に基づいたところからきています。

陰陽五行から生まれた「金運には黄色」という信仰

陰陽五行とは、第2章「風水の新常識」でも触れた通り、中国の春秋戦国時代の頃に発生した考え方で、二つの理論を組み合わせたものです。

一つが陰陽説。「陰」と「陽」という相対する両極の、どちらの属性が強いかによって物事を二つに分ける考え方です。

もう一つが五行説。世界は五つの要素（木・火・土・金・水）から構成されているという考え方です。

この二つの思想が合体した陰陽五行には、「四神相応」という考え方があります。

四つの神が、東・西・南・北という四つの方角を守護している。東は「青龍」、西は「白虎」、南は「朱雀」、北は「玄武」。

「東に清き流れがある（青龍）」「西に大きな道が続く（白虎）」「南が広く開けた湿

地帯（朱雀）」「北に高くそびえる山がある（玄武）」といわれてきました。

このうちの白虎を表現する西は、金運の良さを意味します。

「虎は千里を行って、千里を還《かえ》る」ということわざがあります。勢いがある様子を表現するのですが、「行った分、戻ってくる」というのが、「出たお金がすぐに戻ってくる」ということにつながり、金運アップになると考えられてきました。

西の「大きな道」は虎が走りやすいのかもしれませんね。

そこから転じて、金運アップには西側に、豊かさを連想させる黄色（黄金に実った稲穂）や金色のものを配置するのが良い、といわれるようになったのです。

確かに、この考え方にも一理はあるでしょう。

ただ、これからの時代に合うかというと、ちょっと合わないのではないかとも感じています。

現代のライフスタイルに合わせて、金運アップ術もアップデートしましょう。

金運アップには財布の整理から

まずは財布について。

ちまたでは、財布を使った金運アップだけをテーマにした書籍があるくらい、金運を高めたい人にとって、最初に気になるのが財布なのでしょう。

・財布は黄色がいい
・お札を折り曲げない長財布がいい
・財布の素材は本革にするといい
・「張る」にひっかけて「春」に使い始めるといい
・財布は自分で買うよりプレゼントされた方がいい

財布については、色や形、素材、買う場所、さらには財布をおろす日、お札の入れ方や財布の中に入れるお守りの種類まで、金運アップのさまざまなメソッドが、まことしやかに語られています。

これらの中でも特によく聞くのが、「金運アップには長財布を使うといい」というものです。

「長財布だとお札を畳むことがないから、お札に窮屈《きゅうくつ》な思いをさせることなく保管できる」「お札が居心地の良い財布だと、お金が喜んで入ってくる」

そんな理由で、長財布をオススメする専門家もいらっしゃるようです。

ですが現代、お札を使う機会は以前よりも大幅に減っていませんか?

今では、キャッシュレス決済が当たり前。

コンビニや駅でも、電子マネーでピピッとすれば、あっという間に支払いが終わります。百貨店や飲食店などでの高額決済では、クレジットカードを使う人も多いでしょう。

私も普段の買い物はほぼスマートフォンで済ませています。今では友人と割り勘できる電子マネーもあります。

「今日は一度も財布を開かなかったな」という日も増えています。

現金の利用頻度が減っているなら、コンパクトな財布でも十分。フットワークの軽さが何よりも重視される時代だからこそ、重く大きい長財布を持ち歩く必要はありません。

軽くてコンパクトな財布に必要最小限の現金を入れて、あとはキャッシュレス決済。手荷物を減らして、軽やかに動いていく。この方が、運気の流れは良くなります。

長財布にこだわる必要はもうないのです。

私も、とうの昔に長財布は手放し、コンパクトな財布を愛用しています。それでも「金運が落ちた」と感じたことはありません。

ですから安心して、長財布を卒業してください。

財布の素材は革にすべきだとか、新品は春におろすべきだといったメソッドもあります。

しかし、色や形にとらわれる開運術はもう古い。「これさえ持てば安泰」といったルールは、風水の世界にも開運の世界にも存在しないのです。

お金の巡りを良くするには財布の気の流れを整える

これからの時代の金運アップで大切なのは、財布の形や素材、色よりも、財布の扱い方です。

最初の第一歩として実践していただきたいのは、とても基本的なことです。

財布の中の気の流れをスムーズにすることです。

手あかがつくまでボロボロに使い古した財布やファスナーが壊れてしまった財布、レシートやカードでパンパンに膨れ上がった財布……。

これらは絶対にNGです。

想像してみてください。ボロボロの財布を使い続けるというのは、まるで汚れたまま掃除もされない薄暗い部屋に住んでいるようなもの。

これで運気が上がるわけはありません。

不要なモノを詰め込んでいる財布もNGです。

混雑するレジで、小銭やカードを詰め込んだ財布から、必要なポイントカードを探し出そうとしてもたついている人を見かけますが、残念ながら、金運アップとはほど遠いでしょう。

クレジットカードやポイントカード、領収書やレシートなどでパンパンの財布はお金の動きを滞らせます。

今では支払いだけでなく、店のポイントカードもスマートフォンに集約することができます。

必要な機能はスマートフォンに盛り込んで、財布の中は、必要最小限のクレジットカードやキャッシュカード、身分証明証だけに厳選しておくこと。

不要なポイントカードやレシートは捨てて、領収書は財布から出して保管しましょう。


財布の気の流れをスムーズにすることが、金運アップの第一歩です。

財布の次はスマートフォンを整理する

財布の整理整頓が片づいたら、次はスマートフォンの整理整頓です。

最近ではスマートフォンを財布代わりに使うことが増えてきました。だからこそ、財布に気を配るのと同じような感覚で、スマートフォンにも配慮した方がいいのです。

あなたのスマートフォンには、使わないアプリやデータが入っていないでしょうか。

もしそうなら、不要なデータはすぐに消去し、使いやすく整えてください。

スマートフォンの中身がグチャグチャというのは、財布がパンパンな状態と同じこと。現代の財布ともいえるスマートフォンを常にきれいに整理して、気の流れを整えましょう。

写真があまりにもたくさん入って整理されていないと、いざ必要な写真を探すときに時間がかかってしまいます。これが停滞を招いてしまうのです。

運を動かせる人は、モノもデータも必要最低限に抑えているのです。

お下がりでもらった財布には要注意

ほかに、財布を巡る開運術で注意するのが、「お金持ちに譲ってもらったお下がりの財布を使うと金運が上がる」というものです。

お金持ちの金運にあやかろう、という考え方なのかもしれませんが、私はこれはオススメしません。

財布を通して自分とは違う人の気を取り入れてしまうと、自分の気の流れも変わってしまうからです。

しかも目上の人からお下がりをもらったりすると、仮にその財布を使い古したとしても、なかなか手放しづらくなります。

「せっかく○○さんがくれた財布だから」なんていう理由で、ぐずぐずと古い財布を使い続けてしまうと、金運は滞ってしまいます。

もしお金持ちの金運をお裾分けしてもらうなら、お下がりの財布をもらうのではなく、新しい財布を選んでもらいましょう。

これからの時代の開運術では色や形にとらわれなくていいのです。

むやみやたらと黄色や長財布を選ぶよりも、自分がウキウキする好みの財布を選んで、大切に使うこと。

手に取るたびに幸せな気持ちになり、笑顔でお金を使うようになると、そうしたエネルギーは巡り巡って、必ずあなたのもとに戻ってきます。

お気に入りの財布を使う幸せな気持ちが運気を上げ、最終的には金運も上がっていきます。

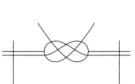

玄関に金の龍はもういらない

風水の世界では、金運を司る方角は、西や西北だといわれています。

そのため風水で金運を上げたいと考える人からは、こんな相談をよく受けます。

「どの方角のどこに、財布や通帳、金庫を置けば良いでしょうか」

「金運を上げたいなら財布や通帳は、西や西北の方角に置きましょう」と説明している専門家もいらっしゃるようです。私もあえて方角に関連づけるなら、そう説明するかもしれません。

ただ、実際にはそんなに都合良く、自宅の西や西北の場所に、財布や通帳を置けるスペースがあるとは限りません。

西や西北の方角だからといって、財布や通帳をトイレに置くのも妙な話です。

家の西北の位置を常にきれいに整えておくことは有用ですが、ここに無理して財布や通帳、さらには金運アップに効果があるとちまたでいわれている金の龍などの置物を飾る必要はありません。

ほかにも金運を上げる方法はたくさんあるわけですから、そちらに注力しましょう。

金の龍を置くよりも
手持ちの貴金属をピカピカに

何かを「持つ」「置く」といったモノ頼みの開運術は過去のものです。

「財布を西北に置く」

「玄関に金の龍を飾る」

「西の部屋に黄色いクッションを置く」

こういった金運アップ術をやるだけで満足してしまうくらいなら、むしろ何もしない方がマシだと、私は思っています。
仮に何かを置いたり飾ったりしても、家の中が足の踏み場もないほどグチャグチャだったり汚れていたりして、日々不快な思いをしているなら、その開運術に効果はありません。

運気を高めたいなら、まずは家の中を整えて、自分が快適だと思う空間をつくること。無意識に安らぎ、気持ちが良いなと思える空間に変えることが、一番の開運術です。

その上で、金運を高めたいなら、モノとの向き合い方を見直してみましょう。

金運は、キラキラしたモノに引き寄せられます。私たちがキラキラしたものを見たときのワクワク感がいろいろなものを引き寄せるのです。
ですから、身の回りの貴金属をきれいに手入れしましょう。
ネックレスやイヤリング、ピアス、指輪といったアクセサリーをピカピカの状態にしておくのです。

眠らせて黒ずんだままのシルバーアクセサリーはありませんか。それがもう不要なら手放すこと。大切なものは定期的に磨いて最善の状態にしておきましょう。絡まったネックレスをそのまま放置しておくのも良くありません。絡まっているものをそのままにしておくと、運気アップの足かせになります。

金運ばかりでなく、人間関係運も下がりますし、頭の中の考えもまとまらず、物事がうまく進まなくなっていきます。

絡まったネックレスやイヤホンのコードも放置せず、ほどいてください。切れ味の悪くなった包丁やハサミも放置しないこと。至急、お手入れをしてください。

本来、光っているものを、きちんと光らせておくこと。

それぞれが手入れをされてピカピカに光っていることの方が、金の龍を置く金運アップ術よりも、よほど気の流れを良くします。

古いモノを我慢して使い続けなくていい

昭和の価値観では、モノを長く使い続けることが良しとされていました。ムダ遣いはとにかく良くない。壊れてもいないのに、家電製品を新しいモノに買い替えるのは贅沢《ぜいたく》である。

なるべくお金を使わず、節約して金運を上げようと考えられてきたわけです。

こうした考え方も、アップデートする時期に来ています。

必要なものには積極的に投資をしていく方が、金運は上がります。

例えば、冷蔵庫やエアコンといった大物家電。こうしたものは、古い製品よりも最新モデルの方がエコで、電気代が安く収まります。いろいろな機能も進化していますから、家事の手間を減らすこともできるでしょう。

スマートフォンやパソコンだって、数年も経てばスペックは変わります。

何年も前の古くて性能の低いパソコンを、イライラしながら使い続けるよりも、最新モデルに買い替えた方が性能が高く、気持ち良く使うことができます。仕事のスピードだってアップするでしょう。

合理的に考えても、古いモノを使い続けるより、新しいモノを取り入れていった方が暮らしやすくなります。我慢をして、古いモノを使い続ける必要はないのです。

臆せずに、新しいモノへどんどん替えていきましょう。

こうして生活が快適になると、心に余裕が生まれて、このゆとりが金運を引き寄てくれるのです。

お金は「貯め込む」のではなく「投資する」

大切なのが、「お金を眠らせてしまわない」ということです。

風水的な観点からいうと、金運を上げるには、お金の流れを活性化させることが大切です。

流れが滞ってしまうと、お金が流れ込んでこなくなります。

ですから、必要以上にお金を貯め込むことはオススメしません。

金運を高めたいなら、この際、節約志向は手放していきましょう。

お金の流れを止めて、コツコツと貯め込むのではなく、お金を使うことで金運を動かし続けていく。

貯め込まずに、お金を循環させている方が、不思議と入ってくるお金も増えていきます。

散財しても金運は上がらない

唯一注意をしたいのは、お金を使うといっても散財はNG。

必要もないモノをわざわざ買うと、今度はモノを貯め込むだけですから、また気の流れが滞る原因になります。

気乗りしないまま買ったモノにはネガティブな思いが宿り、良い気の流れを邪魔してしまいます。

「セールで安くなっていたから」

「限定50個と書いてあったから」

「ほかの人が買っていたから」

こんな理由で流されるように買ったモノは、決して運気を上げてはくれません。

ほかにもストレス発散が目的の買い物や、イヤな気分になった接客での買い物は要注意。

これらはお金を使うといっても、気持ちのいい使い方とはいえず、運気は上がらないのです。

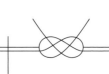

最強の金運アップ術は人を喜ばせること

お金を貯め込まずに、気持ち良く循環する方が金運がアップする。

そういわれても、一体どんな使い方をすればいいのか分かりませんよね。

金運が上がる使い道は、大きく二つあります。


一つ目は、自分に糧になるものにどんどん投資をしていくことです。


何かの講座を受けて知識を増やしたり、資格を取ってみたりする。もしくは、旅に出て経験を積んだり、世界を広げたりするのもいいでしょう。

知見や人脈を広げたことで新しい縁を得て、それが収入アップにつながるということもあるでしょう。

講座に必要な受講料を払ったら、それとほぼ同額の臨時収入があった、なんていう話はよく聞きます。

自分自身をアップデートして運を拓く

私たちが生きている現代は、目まぐるしく世の中が変わっています。

大震災が起こり、疫病がはやり、「二度と起こることはないだろう」といわれていた戦争が再び勃発している――。

一方で、科学技術は急速に進歩し、その恩恵で日々の暮らしは格段に便利に過ごしやすくなっています。

目まぐるしく世界が変わる中で、過去に培ったスキルや知識はあっという間に通用しなくなっています。

だからこそ、自分に投資して学びや知見を深めて、自分自身をアップデートしていく必要があるのです。

ファッションや髪形も時代に合わせて変えていきましょう。

見た目も、時代とともにトレンドは変わっていきます。いつまでも昔のスタイルに固執していては、気持ちも循環していきません。

時代遅れのファッションや髪形を手放して、旬のスタイリングに身を包み、旬の美容師に髪を切ってもらいましょう。

こうして軽やかに進化していく人のところに、お金も運気も集まってきます。

ついているなと感じたら
幸運のおすそ分けを

二つ目の方法は、人のためにお金を使うこと。

プレゼントをしたり、ごちそうしたりしてもいいですし、寄付をして社会貢献することもいいでしょう。

「最近、運が良いな」「ついているな」と感じたときほど、積極的に人のためにお金を使ってください。

これを私は「お福分け」と呼んでいます。

自分のところに訪れた幸福を、家族や友人、仲間にもどんどんおすそ分けしていくのです。

何事も溜め込んでしまうと、気の流れがよどんでいきます。

金運も幸福も、自分の中だけで溜め込まず、人に分け与えていきましょう。

自分のところに訪れた幸運をおすそ分けして、あなたの周りの人にも幸運の連鎖を起こしていくのです。

「ついてないな」と思うことが立て続けに起こるときも同じです。

マイナスのスパイラルを断ち切るには、人を喜ばせ、人の好意に感謝をすること。負の連鎖を止めて、幸運の連鎖へ切り替えていくことが大切なのです。

「自分の身近にいる5人の年収の平均が、あなたの年収である」

そんな言葉を耳にしたことはありませんか。

それくらい、人は似た者同士が集まりますし、互いに影響をし合って生きています。

だからこそ、あなたのところに訪れた金運を、あなたが人にごちそうしたり、喜ばせるために使っていけば、「お福分け」によって身近な人の金運も上がっていきます。

それは、巡り巡ってあなたの金運をさらにアップさせてくれることでしょう。

人の「縁」が、「円」を連れてくる――。

あたらしい時代の金運アップ術は、これまでの金運アップ術よりもずっとシンプルで気持ちの良いものです。

早速、実践してみてください。

第6章まとめ

新しい時代の金運アップのポイント

- 金運を高めたいなら、財布の次に配慮すべきはスマートフォン
- お金持ちからもらった「お下がりの財布」は使ってはいけない
- モノ頼みの開運術はやめて、家の中の光りモノをきれいにしよう
- 金運を上げたいなら、新しいモノを使い、必要なモノにどんどん投資しよう
- 最強の金運アップ術は「自己投資」と「人のためにお金を使うこと」

第 7 章

人間関係運の新常識

運気を上げるご縁の形を知ろう

人間関係に関する悩みは、いつの時代もつきものです。

私のところに相談に訪れる人の中でも、人間関係で悩んでいる人は多いですね。

親子や親族といった密な関係から、ママ友やご近所などの軽いご縁、さらには職場の上司・部下や取引先との関係など……。

心理学者として有名なアルフレッド・アドラーが「すべての悩みは対人関係の悩みである」と言ったように、私たちはいつも、人間関係に課題や悩みを抱いています。


私は経営者の相談を受けることが多いのですが、会社の規模や経験に関係なく、どの経営者も人に関することで悩んでいます。

誰が見ても成功して幸せそうに見える人でも、実際には深刻な人間関係の悩みを抱えている、なんていうこともあります。

こうした人間関係の悩みも、最近ではその内容がこれまでの時代とは、変わってきつつあると感じています。

人間関係の形が変わってきている

昭和の時代と現代では、人間関係のありようが大きく変わってきています。

第二次世界大戦後は家族の人数が多く、二世代や三世代が同じ家に暮らすことも当たり前でした。家族や親戚との付き合いは濃厚でしたし、ご近所さんとも今より頻繁にやりとりをしていました。

もちろん、地元のお祭りや季節ごとの行事にも参加しなくてはなりません。

会社でも社員旅行や夜遅くまでの残業、休日出勤も日常茶飯事。長い時間、職場の仲間と時間をともに過ごす働き方が一般的とされていました。

上司や先輩、同僚とも家族ぐるみで付き合うなど、人生のほとんどを濃くてウエットな人間関係の中で暮らしてきたわけです。

それが急速に核家族化や都市部への人口流入が進みました。人間関係は、昭和の時代ほどウエットでも密でもなくなってきました。

それをさらに加速させたのが、新型コロナウイルスの感染症拡大です。

コロナ禍を経て、私たちは人と直接会う機会が減りました。

コロナ禍をきっかけに、職場や学校のリモート化は加速しましたし、感染予防の観点から、病院や高齢者入居施設は、簡単に部外者を入れないようになっています。

ただでさえ人間関係が希薄になっていたのに、それが加速していったわけです。

最近では、コミュニケーションはオンライン会議システムやチャットツールで済ませることができるようになったため、入社以来、一度も、同僚に直接会ったことのない若手社員や、一緒に机を並べて勉強した経験のない学生もいらっしゃるようですね。

私たちのライフスタイルも大きく変わりました。

都心を離れ、地方に移住するなど、都心と地方の二拠点生活を選ぶ人も増えています。私もコロナ禍の中で、東京と軽井沢の二拠点生活を始めました。

このように、昭和のがんじがらめの人間関係は過去のものとなり、それを受けて、人間関係の悩みも多様化してきています。

人間関係の悩みは人それぞれ

私はこれまでに3万人以上のお客さまに開運アドバイスをしてきました。

そこで分かったことは、悩みの内容も時代に合わせて変わっている、ということです。

かつては「離婚なんてとんでもない！」「シングルマザーなんて許されない」「老後、子供に面倒を見てもらえない高齢者は不幸だ」と考えられてきました。

でも今は、多様性の時代。

結婚生活だって、子育てを終えた夫婦が前向きな離婚を決断し、軽やかに第二の人生を歩み出すというケースも増えてきました。

今では同性同士のパートナーシップや事実婚を選ぶご夫婦もいますよね。

私も、離婚やシングルマザーを経験して、世の中の受け止められ方が時代とともに変わってきているのを肌身で実感しています。

悩みが進化するのであれば、それを打開する開運方法も進化していきます。

古い価値観にとらわれず、頭を柔らかくしていきましょう。

人間関係の悩みは風水で解決できる

人間関係の悩みをどのように解決すべきなのか。

これまでの風水の世界では、人間関係運を上げるなら、親密や親愛の意味を持つ北側や、ご縁を作るという意味のある東南側、にぎやかな西側に、陽のエネルギーを持つ赤色やオレンジ色など、暖色系の花を飾るといいといわれてきました。

風水の理論上、これらは決して間違ってはいません。

しかし、花さえ飾っていれば何もしなくても悩みが解決するかと言えば、そんなわけはありません。

加えて、人間関係運を上げるなら、指定された方角に指定された色の花を飾る以外にも、いろいろな開運術が存在しています。

それにもかかわらず、ただただ妄信的にこれまでの開運術を続けていてはもったいない。

私たちをとりまく人間関係のあり方が変わりつつある中で、どのように人間関係運を高めていけば良いのでしょうか。

時代に合った人間関係の開運方法を学び、良縁を引き寄せましょう。

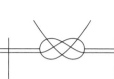

良縁をつかみたいならまずは整理から

イギリスの人類学者でオックスフォード大学のロビン・ダンバー教授は、1993年にこんな研究結果を発表しました。

「人間が社会生活を営む上で、自然かつ安定的に維持できる人間関係の規模は150人程度である」

人間の脳の発達や霊長類の進化と群れの大きさ、歴史上の村の大きさや軍隊の規模など、幅広い知見から導き出されたこの真実は、「ダンバー数の法則」として広く知られています。

しかし、みなさまもご存知の通り、インターネットとSNSの普及によって、私たちがつながることのできる人間関係は、爆発的に増えました。

150人どころか、世界中の人とあっという間に友達になることができるようになっています。

インターネットのなかった時代には考えられないことでしょう。

SNS上には、一度も会ったことがなく本名も知らない「友達」や、学生時代から疎遠になったままの「旧友」、異業種交流会などで一度名刺交換をしただけの「知人」がたくさんいるはずです。

前述の研究からすると、私たちは、人類のキャパシティーを超えた人間関係の中で生きているわけです。

つながっている一人ひとりとの関係を良好に保つのは現実的ではなく、とても難しいことです。

気持ちがダウンする関係なら ばっさりと縁を切るべし

人間関係運を高めたいなら、やみくもに肥大した人間関係を整理することから始めましょう。

第2章では、「風水の新常識」として、普段暮らす空間をスッキリと清潔に整えることをオススメしました。

家と同じように、人間関係もスッキリとさせておくこと。

あなたの人間関係を見直し、不要な縁や不快な縁とは、思い切って別れを告げましょう。

例えば、あなたにマウンティングをしてくる人。噂好きで、いつも誰かの噂話や悪口に花を咲かせている人。そんな人との交流はやめてもいいでしょう。

ネットワークを広げるためだけの交流会や、気の合わないママ友とのランチ、愚痴だらけの仕事仲間との飲み会も、良い影響を与えるとは思えません。

SNS上でも攻撃的な発信ばかりしている人や、品のない投稿を繰り返す人は、この際、友達から外してしまっても問題ありません。そんな人の投稿が表示されない設定にするだけでも、気持ちがスッキリするはずです。

私自身、過去のことを話すだけの食事会の集まりと決別したことがあります。

その食事会では、いつも集まると「あのときは良かった。それに比べて今は」というネガティブな話題が続いていました。昔の自慢話や現在の愚痴ばかり。聞くだけでも運気が落ち込み、食事も楽しめませんでした。

終わって家に帰っても、モヤモヤした気持ちが募るばかり……。

だから、思い切ってお断りするようにしました。

何度かお断りしていると誘われることもなくなり、自然とその食事会との縁は切れていきました。正直、ほっとしました。

直感を生かして気持ち良く付き合える人を選ぶ

「人間関係を整理する」なんて言うと、最初は勇気がいりますよね。

「もしかしたら次の仕事に結びつくかも」

「仲間外れにされるのはイヤだ」

「参加しなかったら悪口を言われるんじゃないか」

そんな不安を抱えて、後ろ髪を引かれるかもしれません。

でも、ここは自分の直感を信じてください。

何となく気乗りしない人の縁で、思いもよらぬラッキーがもたらされることはありません。

仮に次の仕事に結びついたとしても、うまくいきません。

悪口を言われるのではと不安に思っていたとしても、他人はあなたが思うほどあなたのことを気にしていない場合がほとんどです。

不要だと感じる縁を整理して、心にも時間にも余裕が生まれない限り、次の良縁は入ってきません。

人間関係を整理するのは、すばらしいご縁と出合うための最初のステップ。

そう信じて、素敵な人間関係を迎え入れるための準備をしてください。

ちなみに一度縁を整理したら、次のご縁は慎重に。

「有名そうだから」「お金持ちのようだから」「美人だから」といった下心で付き合うのはNGです。

純粋にコミュニケーションをしてあなたが楽しいと感じるかが大切です。

自分の感覚に素直に従って、新しい縁を紡いでいきましょう。

これからの時代に人を集めるのは情報

不要な人間関係を整理すると、心にも時間にも余裕が生まれます。

その軽くなった状態で次に実践していきたいのが、自己分析です。

「どんな人間関係を築きたいのか」ということを真剣に考えてみましょう。

これは「あなたがどうありたいのか」という問いの答えにもなります。

まずは、自分自身を見つめ直すことが大切なのです。

昭和の時代には、お金やモノを、人よりも多く持つことが良しとされてきました。ご縁や情報も財力のある人のところに集まっていた。言い換えれば、お金を求めて人が動いていた時代だったわけです。

現代では、人が何に集まるかというと、情報のある場所です。

一人ひとりが情報発信し、影響力や拡散力を持てる時代になったからこそ、情報で人を動かせることが何よりも重宝されるようになりました。

お金持ちよりも情報の発信力や収集力に秀でているような人に、人もご縁も集まっていきます。

あなた自身がどういう人なのか。何を考え、どんな情報を発信しているのかが重視されるようになりました。

だからといって、「インフルエンサーになりましょう」と言っているわけではありません。

家族へのLINEだって、仕事仲間とのメールのやりとりだって「発信」です。

そう考えると、情報発信は日常生活のあらゆるシーンに溶け込んでいます。

「あなたがあなたらしい姿のまま、心地良く情報を受け取り、発信すること」そんな環境が整えば、情報のやりとりの中から人間関係運をアップするすばらしいご縁が招かれてきます。

だからこそ、まずは「自分らしさ」が何なのかを知る必要があるのです。

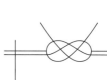

SNSのアイコンはあたらしい時代の開運ツール

自分のありたい姿が見えてきたら、それに合わせた発信をしていきましょう。

かつての時代であれば、家柄や勤務先、名刺の肩書で人は判断されてきました。価値観が変わる中で、もうそんなものに振り回されるのは古くなりました。

それよりも私たちが気にしているのは、その人がどのような人物かということです。

それを最も端的に表すのが、SNSのアイコンとプロフィールです。

これだけSNSが普及した現代では、SNS上で使われるアイコンが非常に重要な開運ツールとなっています。

あなたのFacebookやTwitter、Instagram、LINEのアカウントは今、どんな状態ですか？

写真がないなんてもってのほかです。「自分を知ってほしい」という気がない人に、良質なご縁が訪れることはありません。

ほかにも、集合写真の切り取りやうまく撮れていない自撮り画像、本人ではなく、子供やペット、好きな食べ物の写真をアイコンに使っている人もいます。

ＳＮＳは、あなた個人を特定する大切なツール。

写真がなかったり、あなた以外の人やモノの写真が掲載されていたりするようでは、ご縁を逃しやすくなります。

アイコンの写真はプロに頼もう

では、どんなプロフィール写真なら、人間関係運が上がるのでしょうか。

私がオススメしているのは、プロの写真家に撮影してもらうことです。

私も定期的にプロフィール写真を撮影し、ありたい自分像をアップデートしてきました。写真を変えると、その都度、新しい出会いに恵まれてきました。

著名人でもないのに、プロの写真家に撮影してもらうなんてと気後れするかもしれません。

ですが、現代の人間関係において、デジタルコミュニケーションが占めるウエートはとても大きくなっています。

日々、何人もの人に見られる写真だからこそ、おろそかにしてはもったいない。

SNSのプロフィール写真は、他人だけでなく自分も何度も目にします。

だからこそ、「こうありたい」と思った姿の自分を撮影し、その写真をSNSのアイコンに設定することは、自分が変わる早道でもあるんです。

毎日繰り返し見ることで、自己暗示にかかっていきますから。

どうしても自分の顔を出すことに抵抗感があったり、プライバシーなどの問題で控えたいと考えているなら、せめて、「なりたい姿」を象徴するものをSNSのアイコンにしてみましょう。

あなたが将来、ハワイに移住したいと思っているなら、ハワイで撮った写真をアイコンにするのもいいでしょう。

アイコンを見るたびに、「ハワイに移住しよう」という夢を意識しますし、それを見た人も「ハワイが好きなのだろうな」と感じるはずです。

そこからご縁がつながって、ハワイに関連する仕事が舞い込んでくるなど、ハワイ移住につながるネットワークが生まれるかもしれません。

SNSのアイコンを変えるだけで、夢の実現に近づくこともあるのです。

身だしなみを整えるように SNSのアイコンを整えよう

私は「開運」を軸に、お客様のSNSをプロデュースしたり、企業のロゴなどをコンサルティングしたりしています。

SNSについては、お客様が描く理想の姿をデザインに盛り込んだりもしました。すると、「毎日SNSに投稿するのが楽しみになって、フォロワーが増えました」「自社のブランドに誇りを持てるようになり、商談がスムーズになりました」といった声が相次ぎました。

SNSのアイコンやプロフィールを整えるのは、寝グセを直したり無精ひげを整えたりして身だしなみを整えることと同じ。

情報化社会の中で、人間関係運をアップさせる秘訣です。

これからの時代に人間関係運をアップしたいなら、まずは人を迎え入れる準備をすること。

運は、準備が整った人のところにしかやって来ません。

次のページからは、具体的な人間関係の開運術について紹介していきます。

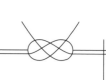

仕事の縁を高めたいなら靴の手入れを

風水では、「一緒にお茶を飲む」ことが、対人関係を良くすると考えられています。

台湾や香港では、非常に長い時間をかけてお茶を飲む作法があります。それも、一緒にお茶を飲む人同士の関係を良くする儀式のような意味があります。

丁寧にいれたお茶で、じっくりと時間をかけてお茶を交わす。これがお互いの豊かさや金運を引き寄せることにつながるといわれています。

そこで私がアドバイスをしたいのは、お茶の選び方です。

陰陽五行で見ると、「木」の気がある午前中は、緑茶などしっかりとした味のお茶でエネルギーをチャージすることがオススメです。

「火」の気がある午後は、緑茶よりもう少しまろやかな烏龍茶や紅茶などを選んでリラックスすること。

来客に出すお茶を時間によって使い分けることで、人間関係運はぐっと上がります。

不要なしがらみは髪で断つ

人間関係運を高めるには「髪」に配慮するといいでしょう。

髪は、「水」の気と「陰」の気を持っており、穢れや負の気を寄せつけやすいとされています。中でも対人関係の念は、髪に引き寄せられます。

髪を洗うことは、対人関係で得たマイナスの気を洗い流すことでもあります。普段からそう意識しながら髪を洗うだけでも、随分と気持ちが変わるはずです。

髪を洗うことで落としきれないしつこいしがらみは、カットすることで断ち切ることができます。髪を切れば、人間関係のしがらみがリセットされ、新たな出会いが舞い込んでくるでしょう。

人間関係が停滞しているなと感じたら、髪の手入れをしてみてください。

仕事の人間関係運に効く「靴」

本章の冒頭で、人間関係の悩みは時代に応じて変わってきているとお伝えしました。ただし時代を経ても変わらない悩みもあります。

特に相談に乗ることが多いのが、職場の人間関係についてです。

「上司と折り合いが悪い」

「部下が成長しない」

「社内の雰囲気が悪い」

「人がどんどん辞めていく」

いつの時代も、こう頭を抱えるビジネスパーソンは減ることがありません。

職場の人間関係運は仕事運にも直結していますから、これからお伝えすることは、仕事運をアップさせたい人の参考にもなります。

仕事の人間関係運を高めたいなら、真っ先に整えるアイテムは「靴」です。

靴に気を使える人は、仕事にも気を使うことができます。仕事のできる人は、靴のケアがきちんとできているものです。

仕事用の靴の汚れが目立ったり、ヒールが欠けていたり……。

こんな靴では、良好な人間関係を築くことはできません。

汚れをきれいに取り去り、壊れているなら修理に出しましょう。

そして、履き古した靴は遠慮なく手放すこと。手入れされた靴を履いてください。

特に配慮したいのが靴の裏側の手入れです。

人は、自分が後ろ側からどのように見られているのか、意外と気を配っていません。

普段、正面から自分の顔を鏡でのぞき込むことはあっても、横顔や後ろ姿までチェックしている人は少ないはずです。

その割に、人はあなたのことを正面からだけでなく後ろからも見ています。

だからこそ、靴も普段は見られることのない裏側まで手入れをすることに意味があります。

靴の裏側がすり切れていたりせず、丁寧に整えている人であれば、仕事も丁寧だという印象を与えることができます。

資料の「山」が運気をせき止める

十分に整理もせず、不要なモノでパンパンに膨れ上がった鞄や、もう使えないボールペンが混在しているペンケースもNGです。

肝心なときに必要なアイテムがスムーズに取り出せないと、運気が滞り、物事が円滑に進みません。

使えない文具はマイナスの気を宿しているので、運気を停滞させてしまいます。

職場のデスクや引き出しが乱れているのも好ましくありません。

デスクの上は書類で山積み。今にも崩れ落ちそう……なんていう状況を見て、「仕事ができそうな人だな」と思われるわけがありません。

「山」は易学で「止まる」ことを意味し、プラスの気の流れをせき止めてしまいます。ですから書類の山積みはNGです。

用事を終えた書類は早々に手放し、もし保管しておく必要があるなら、スキャンしてデジタルデータとして保存をするか、書類をファイルに入れて立てて整理しましょう。

ごみ箱を置くのは利き手側の足元がベスト。ごみ捨てがスムーズにできます。

職場で大切なのは、不要なモノを溜め込まないこと。

不要なモノが集まると、そこに陰の気が溜め込まれてしまいます。すると、新しい運気が入ってくるスペースがないので、幸運も舞い込みません。

風水の世界では、とにかく捨てることがとても大事なのです。

パソコンやスマートフォンの不要な情報は削除する

不要なモノを手放して気の流れを良くするのは、パソコンやスマートフォンといったデジタル製品も同様です。

パソコンのデスクトップが不要なファイルでごちゃごちゃしていたりしませんか。ブックマークも定期的に見直してください。

不要なファイルが消えると、パソコンもスムーズに動くようになります。

余計なファイルがあると、パソコンの動きも遅くなります。意識するほどではないちょっとしたストレスも、脳は敏感に感じ取っています。

こうしたストレスが軽減されるだけで、仕事が円滑に進むようになります。

デスクトップやブックマークの整理が終わったら、次はメールボックス。

ダイレクトメールなどの不要なものは削除し、興味のないメールマガジンも解除しましょう。

こうした手続きは、些細なことなのに、面倒でつい後回しにしがちです。しかし、不要なファイルやメールが毎日視界に入ると、気づいていなくても小さなイライラが募ってマイナスの気を溜めてしまいます。心を乱されることのないよう、整えていきましょう。

整理整頓ができると、大事な人からのメールやメッセージが見つけやすくなります。

素早く反応することで、すかさず朗報をキャッチし、人間関係運をアップさせることができます。

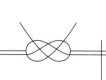

出会い運には丸みのある家具を

人間関係運の中でも、仕事と並んで多いのが、恋愛に関する相談です。

「良縁がなくて……」と相談に来られるお客様の多くが、お家を拝見すると、その原因が一目瞭然となります。

「ずっと一人で生きていく」ようなインテリアになっているのです。

お茶碗やお箸、お皿、マグカップなどの食器類は、それぞれ一人分。

ダイニングテーブルにも自分の座る椅子が一脚あるだけ。

人を招き入れる準備ができていないのです。

一人暮らしでもペアグッズで良縁を引き寄せる

家の中の様子は、住む人の心のありようを映しているケースがほとんどです。暮らす場所から人を迎え入れる準備をすることで、気持ちも変わっていきます。

最初の一歩が、身の回りのモノをペアでそろえることです。

いくら、口では「恋人がほしい」と言っていても、本人の心の状態が人を受け入れる準備ができていなければ、出会いを引き寄せることはできません。

身の回りのモノをペアにしたり、おもてなし用のティーセットを購入したりするなど、お客様に出す、ちょっとしたお菓子を常備しておくことも大事です。

いつでも人を歓迎している部屋にすること。

訪れた人が心地良く過ごせる空間にすること。

この二つが、恋愛運をアップさせる一番の秘訣です。

丸みのあるインテリアでリラックスできる空間を

ペアグッズを整えることができたら、インテリアにも配慮しましょう。

第2章の「風水の新常識」でお伝えした通り、風水では角張ったものは陰のエネルギーを持っています。そのため四角いデスクだと、仕事ははかどりますが、人に攻撃的な印象を与えるイメージがあります。

恋愛運を高めたいなら、インテリアは角のあるものを避けて、丸みのあるものを選びましょう。

丸いテーブルや丸いコースター、丸いクッションや丸い時計など……。

丸みのあるものは陽のエネルギーを持ちますから、自然と心がほぐれてリラックスしていきます。

丸は九星気学や易学の世界で「天」「円満」「調和」などを表し、人間関係をスムーズにするといわれています。

ゆっくりとくつろぐリビングやダイニングに、角張った家具ばかりがあるよりは、丸みのあるものが目に入る方が、何となくほっとした気持ちになることは、体験的に理解ができるのではないでしょうか。

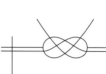

使う言葉を換えて良縁を引き寄せる

日本では古くから言霊信仰が強くありました。

そのため古来、マイナスの言葉をプラスに変える風習があります。

これを「忌《い》み言葉」といい、「忌詞」「忌み詞」「忌言葉」などとも表現されています。

この風習は、現代でも残っています。


例えば結婚式では、不吉なことを想起させる言葉を避けるしきたりがあり、「別れる」「終わる」「離れる」「負ける」といった表現はＮＧです。

私たちが日常的に使う言葉の中にも、忌み言葉から生まれた単語があるのをご存知でしょうか。

・お造り→「切り身、刺し身」は「切る（切腹する）」に通じるため
・キネマ→「シネマ」が「死ね」に通じるため
・アタリメ→「スルメ」が「摩《す》る（ギャンブルに負ける）」に通じるため
・鏡開き→「鏡割り」が「割る」に通じるため
・ムラサキ→「醤油」の「シ」が「死」に通じるため

私たちは日常的にネガティブな言葉を口にすることを避けて過ごしてきました。

ですが、現代ではどうでしょう。

匿名のＳＮＳでは心ない言葉が飛び交い、著名人のスキャンダルが発覚すると、誹謗中傷の嵐が巻き起こります。匿名の誹謗中傷が未来ある若者を死に追いやったという不幸な事件も起こりました。


人間が受け取る情報のうち、視覚情報は全体の８割を占めるといわれています。

だからこそ、毎日やりとりするメッセージやＳＮＳの投稿では、細心の注意を払わなくてはならないのです。

大多数に発信する場合だけではありません。LINEやメッセンジャーなど、1対1のやりとりでも言葉遣いには細心の注意を払いましょう。

テキストでやりとりされるメッセージは発信者の温度が伝わりにくく、思った以上に冷たい印象を与えることがあります。一度送った発言は意図的に削除しない限り、半永久的に消えることはありません。

インターネットを介したコミュニケーションが当たり前となった時代の言葉選びは、これまでの時代以上に一層、重みを増しているわけです。

忌み言葉を避けて
良縁を引き寄せよう

日常的に忌み言葉を避けて、ポジティブな言葉遣いを意識すること。そのためには日頃から語彙《ごい》を広げておくことが必要です。

私はどんなに大変なことや不愉快なことが起こっても、決してネガティブな表

■ネガティブな言葉をポジティブな言葉に置き換える例

ネガティブな言葉	ポジティブな言葉
狭い	コンパクトな、こぢんまりした
安物	リーズナブル、お手頃価格、コスパが良い
偉そう	堂々としている、貫禄がある
せっかち	テキパキしている、スピードが速い
仕事が遅い	仕事が丁寧、マイペース
気が小さい	謙虚、控えめ、慎重

現は使わないように意識しています。

言葉遣いは毎日、意識していれば必ず変えることができます。

意識的にポジティブな表現を繰り返していると、普段のちょっとしたシーンでもポジティブな言葉が出るようになります。

言葉を通して、自分の心もどんどんポジティブになっていきますから、日常で使う言葉には意識的になってみてください。

例えば私は、上の表のようにネガティブな言葉をポジティブな言葉に置き換えています。

294ページの表のようにポジティブな表現のバリエーションを増やすことで、人に与える印象

■ポジティブな言葉のバリエーション側

元の表現	バリエーション
明るい	陽気、ほがらか、笑顔が絶えない
素直	こだわらない、我を張らない、聞き分けが良い
向上心がある	勉強好き、前向き、進取の気性に富む
機転が利く	気配りが良い、応用力がある、よく気がつく
根性がある	ガッツがある、へこたれない、打たれ強い
ひらめきがある	発想が豊か、アイデアが光る
仕事が早い	スピード感がある、能率が良い
ミスがない	仕事が確か、安心して任せられる、仕上がりが完璧
飲み込みが早い	理解力がある、一を聞いて十を知る、頭が良い
まじめ	いい加減なところがない、手を抜かない、真摯
落ち着いている	冷静、慌てない、うろたえない
行動力がある	よく動く、活動的、すぐ実行に移す
うまい	上手、腕がいい、技が冴えている、見事な腕前
鋭い	核心を突いている、ポイントを押さえている、考察が確か
心がこもっている	真心が感じられる、気持ちが伝わってくる
工夫している	よく考えられている、アイデアが生きている
てきぱきしている	手際が良い、行動にムダがない、動きが素早い
分かりやすい	理解しやすい、平易だ、簡明だ
説得力がある	引きこまれる、なるほどと思う、納得できる
生き生きしている	生命力に満ちている、生気がある、活気があふれている
変化に富んでいる	飽きさせない、多彩だ

がさらに豊かになっていきます。

日常的に使う言葉の種類が変わると、自分の周りの人間関係も整います。

あなたに共感し、協力してくれる人が集まり、新たな良縁に恵まれるでしょう。

第7章まとめ

人間関係運の新常識

- 人間関係運をアップさせるにはまずつながりの「整理」から
- SNSのアイコンは、人間関係運アップの開運ツール
- 仕事上の人間関係を好転させるには「靴」に注意する
- 出会い運を高めたいならペアグッズと丸みのある家具を
- 日常で使う言葉をポジティブに置き換えて良縁を引き寄せる

おわりに

『あたらしい時代の開運大全』いかがでしたでしょうか。

コロナ禍を経て、世界は急速に変化を遂げています。

しかし開運術は昔のまま、変化も改革もされていませんでした。

平安時代に日本に伝わった風水が、1990年代にはメディアに取り上げられて、多くの人が日常生活に取り入れるようになりました。

以降、風水はいまだにバージョンアップしてきませんでした。

それは、なぜなのか。私はずっと不思議に思っていました。

風水をはじめとする開運術を、「占い」だと思って嫌う人もいます。私自身、学び始めた最初は、ただの占いだと思っていました。

ですが、風水は環境学であり統計学でもあります。れっきとした科学なのです。それなのに、「なぜそうなるのか？」を説明できる専門家が少なかったから、占いのように見えてしまっていたのかもしれません。

だからこそ、理屈を説明することが、とても大切だと思っています。ロジックを知れば、対処する方法がほかにもたくさんあり、多くの可能性があると分かります。

ただ、こうした事実を知らない専門家がいるのも事実です。学んでばかりで実践が伴わない〝プロもどき〟もたくさん存在しています。

一度も建築に携わったことがない人や引っ越した経験のない人に、風水や家相のアドバイスはできません。自分が多種多様な家に暮らして始めて気づくことがたくさんありますから。

風水をはじめ、本書で取り上げた開運術はいずれも、きちんと学べば無理のない考え方に基づいていることが分かります。
例えば風水は、古代中国の陰陽五行説がベースになっています。
万物すべてには「陰」と「陽」があり、「陰」がなければ「陽」が成り立たないと考えており、それぞれは切り離すことができません。

陽の中にほんの小さな陰。
陰の中にほんの小さな陽。

その二つが重なって、バランス良くクルクルと動いて、今の世界をつくっているのです。

幸せの中の、ほんの小さな物足りなさも、次の夢を叶える大きな原動力です。

運気は、住まいや環境、普段の生活に大きく左右されます。

だからこそ、運気をアップさせたいと思うなら、まずは「心地の良い暮らし」を実現していくことからスタートさせるといいのです。

本書では風水をはじめ、神社参拝や厄祓い、吉日、吉方位、金運アップ、人間運アップなど、さまざまな開運術を取り上げました。

それぞれの項目で私が繰り返し伝えてきたのが、「整える」ということです。

それは、言い換えれば「心地良く暮らすこと」と表現できます。

運気を開くには、まずは自分の目の前の生活空間を整えていくこと。スッキリと片づいた空間で、植物や香り、色の調和によって心安らぐ環境を生みだすこと。

これは風水に限らず、厄祓いでも吉日でも、金運アップでも人間運アップでも通じるテーマです。

整えることと同時に、もう一つ大切なのがいつもバージョンアップしているということです。

貪欲に学び、新しい自分に生まれ変わっていく――。

私自身、これからも学ぶことをやめず、日本中、世界中に、「あたらしい時代の開運術」をお伝えしていきたいと思っています。

本書を読んでくださったみなさまが、旧態依然とした開運術から解き放たれ、軽やかに、伸び伸びと、ご自身の運気を高め、人生を切り拓いてくださるなら、これに勝る喜びはありません。

運を動かす力は、自分自身の中にあります。

さあ、一歩を踏み出しましょう。

2023年1月吉日　軽井沢にて

谷口令

［著者］
谷口令（たにぐち・れい）
風水心理カウンセラー

学習院女子短期大学卒業後、東京海上火災保険、日本IBM、レナウンなどでキャリアを積むかたわら、九星気学の大家である宮田武明氏と出会う。方位学、家相学、環境学、象意学、命名学、筆跡学、観相・人相学などの研さんを重ねて独立。開運術に心理学を加えた独自のメソッドを構築し、今では風水歴45年、国内外に3万人以上の顧客を持つ。20歳から現在まで通算22回の引越しを経験し、迷信に振り回されない現代の環境学としての「風水」を提案。風水がビジネスにも大きな影響を与えるとし、オフィス空間をはじめ、ビジネスネームや経営戦略、ブランディングに風水学を取り入れたコンサルティングを実施。主宰する風水スクールではこれまでに1000人以上の卒業生を輩出。2021年より東京・築地と長野・軽井沢の2拠点生活を開始。『「パワーチャージ」風水』（講談社）、『シンクロですべての幸せが叶う』（KADOKAWA）、『運を動かす力』『住まいの風水パーフェクトブック』（ともにかざひの文庫）など著書多数。

あたらしい時代の開運大全

2023年1月31日　第1刷発行

著　者――谷口 令
発行所――ダイヤモンド社
〒150-8409　東京都渋谷区神宮前6-12-17
https://www.diamond.co.jp/
電話／03･5778･7233（編集）　03･5778･7240（販売）
編集協力――井澤 梓
装丁・本文デザイン――喜來詩織［エントツ］
DTP――河野真次［SCARECROW］
校正――聚珍社
製作進行――ダイヤモンド・グラフィック社
印刷――加藤文明社
製本――本間製本
編集担当――日野なおみ nhino@diamond.co.jp

ISBN 978-4-478-11655-5